博物館と文化財の危機

岩城卓二
高木博志
編

人文書院

まえがき――博物館と文化財の危機

人文学の知は、人間が豊かな想像力と創造性をもつための基礎体力となる。博物館・美術館は、文化財を通じて、その基礎体力を育む場所である。しかし、「文化財で稼ぐ」ことが国家戦略となった。文化財は、商品となった。観光客のものになった。博物館・美術館は、集客できる文化財の展示を求められるようになった。いま、人間の基礎体力が奪われようとしている。

さて、本書の編者である高木博志と筆者は、文化財を稼げるかどうかで価値付けし、保護よりも活用を優先しようとすることで生じる博物館・文化財の危機と、それが人文学不要論とも関係することを考えるため、二〇一八年一一月一七日、京都大学人文科学研究所人文研アカデミー二〇一八「シンポジウム　博物館と文化財の危機―その商品化、観光化を考える」を開催した。報告は、二人の他、小泉和子氏と久留島浩氏、司会は原田敬一氏にお願いした。

当日は、会場の収容人数を遥かに上回る参加者が集まり、この問題への関心の高さがうかがえた。討論も活発で、保護中心から保存・活用へと転換し、とくに活用を重視する文化財保護法改正の経緯、文化財を活用することの意義や難しさ、歴史系博物館の可能性、文化財保護の政治性等々をめぐって報告者・参加者の間で活発な議論が交わされた。本書は、シンポジウムにご参加いただいた岩崎奈緒子氏、國賀由美子氏にも執筆に加わっていただき、このシンポジウムの成果をまとめたものである。以下、本書が読者に発信したいことを四点にまとめて述べておきたい。

発信したい第一の点は、シンポジウムを開催する大きな動機となった二〇一八年六月の文化財保護法の改正の経緯と、問題点についてである（第一・二章）。

博物館の観光拠点化の推進、文化庁の組織改革と京都移転、そして文化財保護法の改正が表面化すると、博物館関係者や研究者は懸念を表明するようになった。しかし、そもそも、なぜ文化財保護法は改正されねばならなかったのか。その経緯は、十分に理解されているわけではない。

文化庁は、過疎化・少子高齢化等による文化財の滅失や散逸等の防止に、社会総がかりで取り組むための改正と説明するが、改正は一九九〇年代後半から二〇年余りかけて進められた観光振興策の到達点であり、「文化財で稼ぐ」ための法整備であった。博物館と文化財の危機を考えるには、「文化財で稼ぐ」は経済振興を目的とする国家戦略であり、文化財保護法の改正は、その施策であることを、まず理解する必要がある。文化庁の組織改革も、「文化財で稼ぐ」ために必要だったのである。文化財を観光資源とすることは、バブル経済崩壊後の景気浮揚策として、二階俊博運輸大臣（当時）が主唱して、運輸省で観光振興策が検討されるようになったことにはじまり、小泉純一郎政権のときそれが本格化し、民主党政権時代も含めて、国家戦略として着々と進められてきた。第二次安倍晋三政権にはじまったことではない（第一章）。

博物館関係者・研究者が声を上げ始めたとき、「文化財で稼ぐ」は、もう総仕上げに入ろうとしていた。気付かなかったのか。気付いていたが声を上げなかったのか。文化財保護法改正までの経緯を知ることは、博物館関係者・研究者に対する厳しい問いかけにもなる。

改正は、運用においていくつかの問題点を孕む。その一つが文化財保護の仕組みを変えたことである。改正によって、市町村は、文化財の保存・活用に関する総合的な文化財保存活用地域計画を作成し、国の認定を申請できることになった。これは、地方の文化財行政を強化するためとされるが、はたして、膨大に残される文理芸に関わるさまざまな文化財をカバーした計画を作成するだけの人員と体力を持つ市町村がどれほどあるのだろうか。作成できない市町村は、これまでのような文化財保護を担うことができるのであろうか。また、計画の作成に当たっては、協議会を組織できるとするが、この協議会には、当該地域と何の関わりもない営利目的の民間団体が参加することができ、その団体が保存活用地域計画を作成し、地域の文化財行政を主導することも可能なのである（第一・二章）。

自治体の首長が文化財保存・活用のリーダーシップをとれるようになったこととあわせて、改正は、文化財行政の現場において、学芸員をはじめ文化財保存・活用の担い手の声が届かなくなり、現場を大混乱させかねない危うさを持っている。文化財は、文理芸などそれぞれの特性を持つが、多くの市町村の学芸員の専門分野は、たとえば歴史・美術などに限られている。必要な人材を配置するための手当がなされないままで、総合的な文化財保存活用地域計画を作成できるのであろうか。

こうした危うさを持つ改正が進められた理由の一つは、学芸員の仕事や博物館・美術館などの現状が広く社会で知られていないことにあろう。それを象徴するのが、二〇一四年四月、山本幸三地方創生大臣（当時）による「一番がんなのは学芸員。普通の観光マインドが全くない。この連中を一掃しないと」と、いう発言である。山本大臣の発言は、学芸員の主要な仕事が文化財の保存・調査・展示であることを理解できていないことなどで問題視されたが、そういう理解は山本大臣だけのものだったのであろうか。学芸員の仕事は、社会で認知されているのであろうか。

こうした認識をふまえ、発信したい第二の点は、保存・活用の担い手である学芸員の仕事や、文化財行政の現状についてである（第三章）。

学芸員は、大学等における博物館学芸員養成課程において規定の単位を取得して資格を得る。養成の充実のため取得単位数は増え、大学も専任教員の確保・配置に努めることを求められるようになったが、取得単位の増加に対応し、専任教員を確保できる大学は多くない。大学の授業に現職の学芸員を指導教員として招へいできるが、公務員の場合、出講までの手続きが煩雑なうえに、休日を利用したうえに無報酬といった自己犠牲を強いる出講に応じることができる学芸員は限られている。

また、学芸員として文化財の保存・活用ができるようになるには、博物館・美術館の現場で、研鑽を積み、他の自治体・施設の学芸員をはじめ文化財担当者や市民から信頼を得ねばならない。それは時間のかかる現場での養成であるが、まちづくり・学校教育への支援等々、学芸員の仕事は肥大化する一方である。そのため学芸員の重要な業務である展示や、展示のために必要な調査・研究に十分な時間を割けなくなっている。そもそも学芸員は、研究職として認知されていないことも多い。

学芸員の現状以上に理解されていないのが、文化財保存の危機的状況である。文化財を活用するには、まず保存し、未来に継承できるようにしなければならない。それには劣化への対応・修覆が不可欠であるが、修覆技術や資材の継承は危機的状況にある。修覆の経費は、高額になることも少なくない。それは、修覆には、高度な技術と、特別な資材が必要だからであるが、そのことが理解されていなければ、修覆の経費も安価であることが求められるようになろう。

文化財の活用とは、劣化を加速させることである。このことを理解できていない首長が文化財行政のリーダーシップを発揮し、民間の営利団体などが文化財保存活用地域計画に参入すれば、文化財は酷使され、やがて滅失しかねないのである。また、文化財の劣化を防ぎ、適切な保存・展示の環境を保つ必要がある博物館・美術館には、施設としての劣化が進んでいるところも少なくない。

文化庁の二〇一八年度と二〇一九年度の予算を比較すると、文化財等を活用して地域の魅力向上につながる事業を展開・整備し、地域の活性化をもたらし、文化による「国家ブランディング」の強化、「観光インバウンド」の飛躍的持続的拡充を図るための予算は、博物館等の活動の充実のための予算が減額されるなか、突出して増額されている（第一章）。

現状をふまえない「養成の充実」策が施され、学芸員の職場環境などを改善するための手当はなされないまま、文化財を守りたいのであれば、文化財保存活用地域計画などを作成して、その経費は自分たちで稼ぎなさいということなのであろう。文化財もぬくぬくとした環境で大切に守られているのではなく、身を粉にして稼ぎなさいということなのであろう。

文化庁は、改正に当たって、過疎化・少子高齢化等による文化財継承の担い手の不在、開発・災害等による滅失や散逸等、文化財が危機的状況におかれている、とする。この認識は、わたしたちも共有しているが、「文化財で稼ぐ」ことが国家戦略となり、危機的状況の打開策が経済振興策として進められるようになったことで、保存よりも稼ぐための活用が重視されることが大いに懸念される。

では、経済振興によらない文化財の保存・活用の道はないのか。地域の文化財を、住民が参画して、未来に継承するには、どういう営みが必要なのであろうか。

発信したい第三の点は、文化財を未来に継承するために歴史系博物館ができることと、二つの実践例を通じて、地域の文化財の保存・活用の主役は住民であるが、そうなるためには長い時間を要するということである（第二・四・五章）。

少子高齢化が進む地域社会において住民が生き続けていく上で、文献史料、人々の記憶・生活や生産に関わるものなど地域社会で共有すべき記憶・記録は、不可欠である。それは、自然災害に見舞われた人びとが、災害前の生活を取り戻そうと努力するとき、写真アルバムや日記、手紙などの個人や家の記憶が精神的ささえになっていることからも明らかである。観光客を集めることができるものだけが文化財なのではない。個人のアルバムや日記なども立派な文化財である。日本の博物館でもっとも多い歴史系博物館には、こうした文化財の把握・保存と、それらをもとに地域の歴史を展示で示すことが求められる。それは、地域が人間の生きる場であり続けるために必要な営みである（第二章）。

しかし、日本中に博物館があるわけではない。学芸員はいない。専門家を招くお金もない。ならば住民を育てよう。島根県大田市の世界遺産「石見銀山遺跡とその文化的景観」の構成資産である重要文化財熊谷家住宅は、家財調査で目覚めた地元の主婦が、資格のない「学芸員」に育った現場である。

最初は、粗大ごみになっていた家財の掃除から始まったが、夏の暑さも、冬の寒さも厭わず、黙々と寸法・材質・用途を調べる作業を続け、その成果を住民の前で発表し、熊谷家住宅の運営に取り組むなかで、調べること、人に伝えることの面白さを知った主婦たちは、いつしか地域の文化財保存・活用の担い手に育っていたのである。学芸員のように課程に則って養成されたわけではない。面白がるうちに、家事で培った能力が、文化財保存・活用の担い手として開花したのである。この主婦の能力を巧みに引き出したのが、日本家具室内意匠史・生活史研究者の小泉和子氏である。そして、市の担当者も、協力を惜しまなかった。学芸員とは少々趣が違うので「家の女たち」と名付けられた地域の文化財保存・活用の担い手は、住民・研究者・行政の担当者がタッグを組むことで誕生したのである（第四章）。

いま石見銀山遺跡は、世界遺産登録当初の賑わいを失ったが、「家の女たち」は元気である。活動の現場を、熊谷家住宅から地域内の武家住宅、そして他機関との連携へと広げている。「家の女たち」が誕生するような文化財の保存・活用を考えることが必要であろう。

住民・研究者・行政の担当者が協力し、人を育てている現場は、兵庫県尼崎市にもある。現場は一九七五年に設立された市立地域研究史料館。博物館・美術館ではなく、地域の歴史に関する文書・記録類、歴史的公文書を保存・公開する文書館である。文化財と言っても、所蔵品は地味な文献史料や、写真・チラシなどである。また、職員の多くは、歴史学を学んだ研究者ではあるが、学芸員ではない。

設立の目的は、「地域の歴史を住民のものに、歴史学を市民のものに」することであったが、開館から一五年ほどは、その目的をほとんど果たせなかった。それは、歴史を研究しようとする市民に、アカデミズムの歴史学の方法・成果を助言・指導しようとしていたからである。しかし、それでは、地域の歴史は住民のものにならないことに気付いた職員は、レファレンスを重視し、多種多様な市民の歴史への関心に向き合うことにした。この地道な活動を続けたことで、市民も、職員も育て、育てられ、地域の文化財の保存・活用の担い手となる住民が生まれるようになった。職員も、まちづくりなどに協力するためのスキルを向上させた。それは、職員→市民の還元型から、職員⇅市民という循環型活用への転換であった。そして、その現場に、職員以外の研究者も加わることで、アカデミズムの歴史学と、市民の歴史学の融合が始まっている。集客できる文化財をもたない研究史料館の活動は、経済振興をもたらさないが、研究史料館は、いま確実に、尼崎市民の財産となった。そして、尼崎市も、四〇年以上かけて、市民と向き合うことができる独自の専門家を育てたのである（第五章）。

自治体史編纂で、たくさんの古文書が活用されながら、その後、滅失・散逸した例が多くある。それは、所蔵者・住民不在の活用だったからであろう。文化財保存活用地域計画の作成等では、「住民の意見の反映に努める」と記されているが、熊谷家住宅や尼崎市立地域研究史料館の例から知られるように、住民が文化財の保存・活用に意見を述べ、またその担い手になることは容易ではない。地域の住民に向き合うことができる行政の担当者、場所、そして長い時間を必要とするが、今回の文化財保護法の改正には、その覚悟がみえない。手当もなされていない。住民不在の文化財の活用は、一時的な経済振興をもたらしたとしても、文化財の滅失・散逸を防ぐことはできないであろう。

本書は、博物館と文化財の危機を脱するための解決策を提示するものではない。博物館と文化財が危機にある現状認識を共有し、問題提起をすることが大切だと考え、シンポジウムの成果をまとめたものである。それは、危機は、多くの博物館・美術館関係者や研究者には共有されていようが、この共有の輪を市民にも広げる必要があると感じているからである。文化財を活用して、地域が賑わってくれればよいという行政や市民の声は決して小さくない。しかし、即効性ある賑わいを期待する経済振興のための文化財の活用は、滅失につながりかねないほど文化財を劣化させる。文化財を保存し、未来へ継承することを優先するのであれば、やるべきことはたくさんある（第二・三・四・五章）。「文化財で稼ぐ」が経済振興を目的とすることは、明らかとなったが（第一章）、そこには政治性も備わっている。発信したい第四の点は、文化財に付与される政治性である（第六章）。

近代に入って文化財保護が国家戦略として展開するのは、立憲制に向けて、文化財・美術・歴史といった固有の「伝統文化」が「一等国」には不可欠だったからであり、文化財や美術はナショナリズムの表象となっていった。そして、天皇制の維持と関わって、秘匿された皇室財産系文化財が、国民に開かれた文化財よりも優位とみなす構造ができあがっていった。

アジア・太平洋戦争後、文化財の戦後改革が進められたことで、後方に退いた感があったこうした文化財がもつ政治性は、近年再び表出するようになっている。そのもっともわかりやすい例が世界遺産である。世界遺産は、国民国家が自国・自民族の優越さを競うナショナリズムの表現であるが、いま、国・地域を挙げて世界遺産の候補を発掘し、政治的思惑によって推薦順位が決められるようになった。歴史の真正性よりも、神話や物語が優先される日本遺産は、神話と史実を峻別し、史実を重視する歴史学の戦後改革の積み重ねを否定するものであるが、いまそれが世界遺産でも行われるようになった。史実ではない「仁徳天皇陵古墳」の呼称で世界遺産となったのである。

博物館と文化財の危機を考えるには、「文化財で稼ぐ」が、こうした政治性と密接に関わっていることをよく理解しておかねばならないであろう。

科学では、データのねつ造や改ざんは厳しい非難にさらされる。しかし、いま文化財に物語や神話を付与しても、史実でなくても、「文化財で稼ぐ」ためであれば日本や地域を代表する遺産となりうる。

遺産というお墨付きを得たことで、史実よりも、それを支持する行政・市民の声は大きくなり、文化財保存活用地域計画の作成に当たっては、これが加速することが危惧される。いま、「史実」を重んじるアカデミズムの歴史学は、危機にある。そして、歴史では負の側面にも目を向ける必要があるが（第二・六章）、文化財がナショナリズム発揚の手段と化したとき、負の側面は消されていくであろう。

文化・芸術、文化財は、稼ぐための資源となった。これに先んじて知的財産を生み出し、稼ぐ資源とされた国立大学は、文化・芸術、文化財のミライである（第一章）。そして、文化・芸術、文化財のいまは、国民のミライである。それは、国民は、基礎体力がなくても稼ぎ続け、稼がなければ保護されないというミライである。博物館・美術館、そして文化財の危機は、他人事ではない。

末筆ながら執筆者を代表して、人文書院の井上裕美さんに感謝申し上げます。井上さんからは、本書が読者に活用されるためのさまざまなご提案と、博物館と文化財の危機をもたらした現状をめぐる意義深いご意見をいただきました。井上さんは、執筆者以外で、この危機感を共有できた一人です。

また、本書の刊行にあたっては、二〇一九年度京都大学総長裁量経費「文理芸融合のための人的プラットフォーム形成」から助成を戴いたことに、深く感謝申し上げます。

岩城卓二

二〇二〇年一月

もくじ

学芸員は大忙し！　でも大事なことってなぁに？

母さんが「学芸員」になった！

時間をかけて人を育てる覚悟はありますか？

復権する神話

「文化財で稼ぐ」ことが国家戦略になった

第一章　博物館・美術館のミライ

岩﨑　奈緒子

はじめに

本章は、博物館・美術館を取り巻く情勢について、とりわけ、二〇〇〇年代以降にその変化を促した契機を見極めることを目的とする。

第一節で、文化財の保存施設として、公立の郷土資料館等を含め博物館・美術館等（以下、「博物館等」とする）も、その影響を免れ得ない文化財保護法の改正の経緯をたどる。第二節では、二〇一八年のこの改正が、国策として推進されているクールジャパンの動きの一翼を成すことを概観し、第三節で、その行く先に何が待っているのかを予測する。

博物館等は、過去から現在にいたるまで、様々な時代に人間が生み出してきた作品群（＝文化財）を保存することにより、現在だけでなく未来の市民にもそれらを届けることを可能とする装置である。また、博物館等は、歴史や文化、芸術に対する調査・研究を行い、その成果を社会に発信し、より豊かな生涯学習の場を市民に提供する使命を有する。本物に触れる行為は、人間の想像力を養い、無限の創造力を生み出す源泉となる。しかし、本章では、こうした博物館等の使命を根源的に変えようとする力が、現在、強力に働いていることが明らかにされるだろう。

一　歴史の「資源」化――文化財保護法の改正

文化庁は、今回の文化財保護法の改正を、ホームページで次のように告知している。

> 過疎化・少子高齢化等の社会状況の変化を背景に各地の貴重な文化財の滅失・散逸等の防止が緊急の課題となる中、これまで価値付けが明確でなかった未指定を含めた有形・無形の文化財をまちづくりに活かしつつ（傍点は引用者による。以下同じ。）、文化財継承の担い手を確保し、地域社会総がかりで取り組んでいくことのできる体制づくりを整備するため、地域における文化財の計画的な保存・活用の促進や、地方文化財保護行政の推進力の強化を図るものです[1]。

過疎化・少子高齢化は日本の直面するまったなしの社会問題であり、そのために、地域の文化財が危機的状況にあることも周知の事実となりつつある。文化財保護法の改正（以下、「保護法改正」とする）は、その対策として何を目指したのだろうか。

実は告知の真意を理解するよい手がかりになるのは、二〇一七年四月に物議をかもした山本幸三地方創生担当大臣（当時）の発言である。山本氏は、観光振興をめぐり、「一番がんなのは学芸員。普通の観光マインドが全くない。この連中を一掃しないと」と発言し、大きな話題となった。地方創生を担当する大臣がなぜ学芸員を批判するのか、唐突な印象を持った人も少なくあるまい。しかし、告知の中にある「まちづくり」を、「観光振興による地方創生」に置き換えてみれば、その理由はわかる。山本氏からすれば、地方創生のために文化財を観光振興に活用すべき時なのに、それを理解できない学芸員は地方創生を阻害する邪魔者、というわけだ。過疎化・少子高齢化対策のための地方創生のための観光振興のための保護法改正。これが、告知の言わんとする保護法改正の目的である。

今回の保護法改正にいたる直接の契機は、首相官邸に置かれた政策会議の一つ、明日の日本を支える観光ビジョン構想会議が、二〇一六年三月三〇日に策定した「明日の日本を支える観光ビジョン――世界が訪れたくなる日本へ」である。本ビジョンは、「観光は、真に我が国の成長戦略と地方創生の大きな柱である」との認識の下、「『観光先進国』の実現に向け、政府一丸、官民を挙げて、常に先手を打って攻めていく」ことを宣言したもので、ここに文化財の活用が盛り込まれている。すなわち、「観光資源の魅力を極め、地方創生の礎に」する策として、「『文化財』を、『保存優先』から観光客目線での『理解促進』、そして『活用』へ――『とっておいた文化財』から『とっておきの文化財』に」と改革する方向性が示された。

文化庁もこれに即応し、同年四月、「文化財活用・理解促進戦略プログラム2020」を策定。「全国各地において長く守り伝えられてきた有形、無形の文化財は、地域の誇りであるとともに、観光振興に欠かせない貴重な資源」であり、「観光資源としての戦略的投資と観光体験の質の向上による観

光収入増を実現し、文化財をコストセンターからプロフィットセンターへと転換させる」ための具体策を打ち出した。(4)

六月になり、官邸の日本経済再生本部が「日本再興戦略2016――第四次産業革命に向けて」の中で、文化財行政を「従来の『保存を優先とする支援』から『地域の文化財を一体的に活用する取組への支援』に転換を図る」こと、文化庁の「文化財活用・理解促進戦略プログラム2020」を推進し、「『文化財で稼ぐ』仕組みへの転換を図る」ことをうたうと、(5)翌二〇一七年三月には、内閣官房に文化庁の枠組みを越えた文化経済戦略チームが置かれ、(6)保護法改正に向けた議論が進められていった。今回の保護法改正は、わずか二年ほどの間に、官邸の強力な主導の下で進められた「文化財で稼ぐ」ための法整備だったのである。

では改正された文化財保護法（以下、「改正保護法」と表記する）は、文化財保護の仕組みをどう変えたのだろうか。告知からそのエッセンスを見ていこう。

まず、告知に言う「地域における文化財の計画的な保存・活用の促進」とは、改正保護法において、市町村が、文化財の保存・活用に関する総合的な文化財保存活用地域計画（以下、「地域計画」と略記する）を作成し、文化財行政を進めるよう定められたことをさす〈第一八三条の三〉。(7)市町村は、この地域計画の策定や変更を協議するために協議会を置くことができるが、この協議会の構成員は、市町村、都道府県、文化財保存活用支援団体、そして、文化財の所有者、学識経験者、商工関係団体、観光関係団体その他の市町村の教育委員会が必要と認める者である〈第一八三条の九〉。

告知の「地域社会総がかりで取り組んでいくことのできる体制」とはこの協議会を指し、自治体に次いで協議会構成員の三番目に掲げられた文化財保存活用支援団体（以下、「支援団体」と略記する。）は、改正保護法によって初めて法的に規定されたものである。市町村は、①文化財の保存・活用、②文化財の保存・活用の事業を行う者に対する情報の提供、相談その他の援助、③文化財所有者の求めに応じ、当該文化財の管理、修理又は復旧その他保存・活用のための必要な措置の受託、④文化財の保存・活用に関する調査研究、⑤市町村の区域における文化財の保存・活用を図るために必要な業務の五つの項目のうちいずれか一つでも行うことができれば、その団体を支援団体に指定することができる〈第一九二条の一・二〉。

そして、国や自治体は、支援団体に「その業務の実施に関し必要な情報の提供又は指導若しくは助言をするもの」とされ〈第一九二条の五〉、一方の支援団体は、市町村に対して、地域計画の策定や変更の提案をしたり、有形文化財、有形民俗文化財、記念物に関して、登録文化財を提案することができる〈第一九二条の六〉。詰まるところ、改正保護法において、支援団体は、市町村の文化財行政を肩代わりする団体として規定されている。

支援団体に加えて、協議会の構成員に商工関係団体と観光関係団体が入っていることも注目される。しかも、いずれの団体についても、地域との関わりがあることを条件にしたり、営利性を排除したりする規定はない。改正保護法の条文を読む限り、市町村が認めさえすれば、当該地域とはなんら関わりのない営利目的の団体が主導して地域計画を作り、地域の文化財行政を動かしていくことさえ可能である。つまり告知にあった「地方文化財保護行政の推進力の強化」とは、文化財行政に民間の参入を可能にしたことであった。

こうした民間の参入が、文化財行政の首長直轄と表裏の策として認められたことも看過できない変化である。文化財保護の事務を教育委員会の所管と規定し、文化財の毀損や破壊に一定の歯止めをかけてきた「地方教育行政の組織及び運営に関する法律」が、文化財保護法と同時に改正され、自治体の首長は文化財行政を直接担当できるようになった[8]。首長が文化財行政を直轄するには、文化財保護審議会の必置を条件とされるが〈第一九〇条第二項〉、地方の文化財保護審議会に権限はなく、仮に首長が行き過ぎたとしても、それを抑制する仕組みはないに等しい。

以上を総合すれば、今回の文化財保護法の改正は、市町村が、首長のリーダーシップの下、民間団体を巻き込んだ地域振興・観光振興の手段として、文化財を活用する道を開いたものということができる。

文化財を稼ぐ手段とみなし、その活用をはかろうとする保護法改正までの一連の動きは、第二次安倍晋三内閣の経済政策、いわゆる「アベノミクス」の一環として推進されたことが明らかだが、この流れの起点は一九九〇年代後半にさかのぼる。詳細は省くが[9]、バブル経済崩壊後の景気浮揚策として、二階俊博運輸大臣（当時）が主唱して運輸省で観光振興策が検討されるようになり、小泉純一郎内閣の時、官邸主導によりその動きが本格化し、二〇〇六年、観光立国推進基本法が成立した。

本法律は、「観光立国を実現することは、二十一世紀の我が国経済社会の発展のために不可欠な重要課題である」との認識の下、「観光立国の実現に関する施策を総合的かつ計画的に推進するため」に制定されたもので[10]、これにより、「観光は二十一世紀における日本の重要な政策の柱として初めて明確に位置づけ」られた[11]。文化財に関しては、第一三条に「国は、観光資源の活用による地域の特性を生かした魅力ある観光地の形成を図るため、史跡、名勝、天然記念物等の文化財、歴史的風土、優れた自然の風景地、良好な景観、温泉その他文化、産業等に関する観光資源の保護、育成及び開発に必要な施策を講ずるものとする」とある。このように、文化財の観光資源としての法的位置づけは、すでに二〇〇〇年代に確定しており、今回の保護法改正は、その具体化をはかるために行われたものであった。「観光立国」を目指す立場からすれば、今回の文化財保護法の改正は、一九九〇年代後半以降二〇年余りをかけて進められた観光振興策の一つの到達点であったといえよう。

二　文化・芸術の「資源」化――クールジャパンと文化庁の再編

文化財保護法の改正は観光振興策の一環としてなされたものであったが、こうした動きは、文化庁の再編に帰結する、国家戦略としてのクールジャパンの動きと連動している。以下、その流れをたどっていこう。

クールジャパンの語を聞いたことがないという人は、少ないのではなかろうか。その名を冠し、「日本の魅力」を事業化し、海外需要の獲得につなげるために設立された官民ファンドもあるほどだ。

クールジャパンの淵源は、二〇〇二年七月、小泉首相の下、官邸に設置された知的財産戦略会議が策定した知的財産戦略大綱（以下、大綱とする）である。知的財産をめぐる動きは、一九九九年に発足した、甘利明氏を中心とする知的財産制度をめぐる議員連盟を起点として始まり[12]、バブル経済破綻後の経済振興策を標榜していた点で、観光振興と双生児とも言える関係にある。

さて、大綱は、科学技術や文化など幅広い分野において「知的財産を豊富に創造し、これを保護・活用することにより、我が国の経済や文化の持続的発展を目指す知的財産立国を実現」することを目的として策定されたものである。(13) 同年一二月には、知的財産基本法が成立し、翌年四月に施行、首相官邸に知的財産戦略本部が置かれた。総理大臣を本部長として全ての国務大臣を構成員とする会議であり、以降、経済産業省をはじめ文科省、農林水産省、法務省などの関係省庁を巻き込み、知的財産を創造し、保護・育成する施策が国家的プロジェクトとして本格化した。

大綱は、「第三章　具体的行動計画」の中で、「優れたコンテンツ創出等への支援」を掲げ、「我が国の誇る総合芸術」である「映画をはじめアニメーションやコンピュータ・グラフィックス等のメディア芸術の一層の振興を図る」必要をうたっている。これが、後に国家戦略として展開するクールジャパンの萌芽であった。

二〇〇四年四月には、知的財産戦略本部に設置されたコンテンツ専門調査会が、「コンテンツビジネス振興政策――ソフトパワー時代の国家戦略」をまとめた。「映画、音楽、アニメ、ゲームソフトといった日本の『コンテンツ』」が世界的に総じて高い評価を得て、「日本のイメージを『COOL JAPAN（クールジャパン：かっこいい日本）』へと大きく変化させ始めている」とし、コンテンツビジネスを国家戦略の柱にするよう提言するものであった。(14) さらに同年、コンテンツ専門調査会に、日本ブランドワーキンググループが置かれ、ファッションや料理など著作権等による保護を受けない知的・文化的資産の振興をめぐる議論が始まり、(15) 二〇〇九年四月に開催された第二二回知的財産戦略本部会合において、コンテンツ・日本ブランド専門調査会の提言「日本ブランド戦略」が報告され、コンテンツ・

ファッション・食など「日本の消費者の優れた感性に育まれたソフトパワーを、日本特有のブランド価値、すなわち『日本ブランド』ととらえ、戦略的に創造・発信すること」の必要をうたった。[16]

このような、各種の文化的活動を広義の知的財産としてとらえかえし、経済に役立てようとする施策に、クールジャパンの名称が初めて与えられたのは、二〇一〇年、鳩山由起夫内閣の時である。すなわち、六月に閣議決定された「新成長戦略」において、「強みを活かす成長分野」の中に、「知的財産・標準化戦略とクール・ジャパンの海外展開」が掲げられ、「我が国のファッション、コンテンツ、デザイン、食、伝統・文化・観光、音楽などの」日本の文化を「クール・ジャパン」の語で概括し、「その潜在力が成長に結びついておらず、今後はこれらのソフトパワーを活用し、その魅力と一体となった製品・サービスを世界に提供することが鍵」とされたのである。[17] 知的財産として文化をとらえる文脈の中に、ここで初めて「伝統・文化・観光」が組み込まれ、クールジャパンは、アニメ等の現代の文化のみならず、過去も含めた日本文化の総体を射程に収める経済政策として動き出したのであった。

知的財産戦略本部は二〇〇三年の設置以来毎年「知的財産推進計画」を策定してきたが、その計画の中にクールジャパンの語が現れるのは、「新成長戦略」の発表された年の翌二〇一一年版においてである。未曾有の被害をもたらした東日本大震災から復興するための重点施策として、五つの方向から成る「クールジャパン戦略」が掲げられ、訪日外国人を増加させる取り組みは、震災によって傷ついた「日本ブランド」イメージの回復をはかり、クールジャパンの人気を更に拡大させていく施策の一つに据えられた。[18]

このように、観光振興は、文化・芸術を広く知的財産ととらえ経済の活性化に役立てようとする動きとシンクロしながら展開し、その完成形ともいうべきクールジャパン戦略に組み込まれるにいたった。文化財保護法の改正に、この国家プロジェクトが無形の圧力を与えたであろうことは想像に難くない。

さて、知的財産としての文化・芸術の可能性に着目し、クールジャパン戦略に帰結した動きは、文化庁という組織の性格をも変える動きへと展開している。

二〇〇一年、日本の文化・芸術を振興することを目的として成立した文化芸術振興基本法の前文には、「文化芸術は、人々の創造性をはぐくみ、その表現力を高めるとともに、人々の心のつながりや相互に理解し尊重し合う土壌を提供し、多様性を受け入れることができる心豊かな社会を形成するものであり、世界の平和に寄与するものである」とある。[19] 人間の生を豊かなものとする根源的な営みとしての文化・芸術を、いかに保護し振興するかを主眼とする本法律の目標とは裏腹に、文化・芸術をめぐる政策の方向は、成立間もない時期から反転をはじめる。

本法第七条に基づき、二〇〇二年に初めて策定された「文化芸術の振興に関する基本的な方針」では、文化・芸術の振興と保護を主眼とする方針が示されたものの[20]、二〇〇七年の第二次方針では、「文化芸術が経済活動において新たな需要や高い付加価値を生み出す」ことへの注意喚起がなされ[21]、二〇一一年の第三次方針では、文化・芸術を「国家への威信付与、周辺ビジネスへの波及効果」等の「社会的便益（外部性）を有する公共財」とする見方を提示し、「従来、社会的費用として捉える向きもあった文化芸術への公的支援に関する考え方を転換し、社会的必要性に基づく戦略的な投資と捉え直す」と明記されるにいたった[22]。文化・芸術は、二〇一〇年の「新成長戦略」に位置付けられたクールジャパンの取組に「大きく寄与するものであり、伝統文化からメディア芸術やデザイン、ファッション、食文化まで多彩な日本文化を積極的に発信するとともに、その価値を生み出す創造的人材の育成・集積を図るべきである」というのである。そして、二〇一五年の第四次方針は、第三次方針の方向をさらに推し進め、「文化芸術、町並み、地域の歴史等を地域資源として戦略的に活用し、地域の特色に応じた優れた取組を展開」し、文化・芸術を地方創生の「起爆剤」とする方向が示された[23]。

こうして文化・芸術の多方面からの経済的有用性をめぐる議論が進む中で、文化庁の改編が日程に上ることになる。二〇一六年、文化審議会は「文化芸術立国の実現を加速する文化政策（答申）――『新・文化庁』を目指す機能強化と二〇二〇年以降への遺産（レガシー）創出に向けた緊急提言」において、「これまで、我が国の有形・無形の文化芸術や文化財の保護、保存、継承とともに、独創性のある新たな文化芸術の創造・発展の推進を基本的な使命としてきた」文化庁が、「今、正に求められているのは、今ある文化芸術や文化財を国民・社会の宝として、より活用していくことと、文化芸術の領域を広げ新しい文化の創造を促進」することであり、「文化芸術をより広く捉え、文化力による社会の活性化や地方創生、国際交流にも貢献する行政組織」に生まれ変わることを求めた[24]。傍点部分を文化財にならって言い換えれば、文化・芸術で稼ぐための組織への文化庁の再編ということになろう。

これに呼応するように、超党派の文化芸術振興議員連盟が文化芸術振興基本法の改正を検討し、文化芸術の振興にとどまらず、観光やまちづくり、国際交流等の文化芸術に関連する分野における施策をもその範囲に取り込むべく改正案を国会に提出[25]。二〇一七年には文化芸術基本法と改称した新法が成立した。こうして、文化庁をクールジャパンを推進する行政組織へと転換させる法整備が成り、経済成長を支え、地方創生を支えるために、文化・芸術に対して国が「戦略的な投資」を行う環境が整えられたのである。

三　学問の「資源」化——国立大学改革のゆくえ

文化財保護法は、第三条で、文化財を「わが国の歴史、文化等の正しい理解のため欠くことのできないものであり、且つ、将来の文化の向上発展の基礎をなすものである」と述べている(26)。また、前節で見たように、文化芸術振興基本法の前文には、文化・芸術を、人間の創造性を育み、豊かな社会と世界平和に寄与するもの、とあった。いずれの法律も、人間の想像力と創造力に基づく営みと、その産物である文化・芸術、文化財を、保護し振興することをその目的としていた。

これに対し、二〇一七年に成立した文化芸術基本法も、翌年に改正された文化財保護法も、文化・芸術や文化財を、「投資」の対象たる「資源」、すなわち稼ぐ手段とみなす考え方に立脚している。このような方向を突き詰めた先に、一体何があるのだろうか。知的財産の「資源」化が惹起する問題が先鋭的に現れている国立大学を例に予測してみよう。

二〇〇二年に策定され、クールジャパンの淵源となった知的財産戦略大綱が最大のテーマとしたのは、実は、大学の改革であった。大綱の第二章第一項に掲げる「創造戦略」の冒頭は「大学・公的研究機関等における知的財産創造」の項目に始まり、「かつて『象牙の塔』といわれた大学が、自ら知的財産を生み出す体制へと生まれ変わることが必須である」とされている[27]。

大綱策定のための最初の知的財産戦略会議において、大学の特許取得数の低さや閉鎖的な環境等が各方面から課題として指摘されるなど[28]、大学を知的財産を生み出す装置と見なしその改革を求める議論は、知的財産戦略会議を通しての中心的なテーマであった。文科省は早くも第一回の会議においてこれに呼応し、課題解決のための具体策「知的財産戦略の確立に向けた取組」を提示している。そこでは、大学の抱える問題点について、研究の側面では、「研究開発の競争的環境、戦略的取組」や「大学研究者の意識」が不十分であること、活用の面では、「特許化に取り組む意識が不足」し、「研究開発の取り扱いに関するルールも不明確」であるとし、その克服のために、前者については、競争的資金の増加などによる「競争的研究環境の整備」、「ブレイクスルーをもたらし社会・経済的に波及効果が高い研究開発に戦略的かつ重点的予算配分」を行うことによる「幅広い基礎研究の推進、重点分野研究の戦略的推進」など四つの具体策を掲げ、後者については、共同研究の推進をはじめとする「産学官連携への取組強化」を掲げている[29]。

二〇〇四年の国立大学の法人化以降、大学に交付される運営費が縮小される中、競争的資金の増額は着実に進められ、予算全体に占める設備等経常的に必要な基盤的経費は減額を続けている。国立大学は、人件費の削減によりこれを乗り切ろうとするのだが、そのしわ寄せは各方面に及び、若手研究者の雇用の不安定さはとりわけ深刻である。また、社会・経済的に波及効果の高い研究開発への「戦略的かつ重点的予算配分」は、基礎研究を阻害する要因となっている。

ノーベル賞受賞者たちが憂える基礎研究を取り巻く環境の厳しさ。短期の雇用や非常勤で「使い捨て」される研究者の卵たち。これらはすべて、二〇〇二年に知的財産戦略大綱が策定された時点で予見される事態であったといえそうだ。

国立大学の法人化は、イギリスサッチャー政権による国の行政機関のエージェンシー化に倣って、一九九〇年代に日本で進められた独立行政法人化の一環をなす。しかし、その内実を決めているのは、二〇〇〇年代以降本格化した、国をあげての「知的財産立国」策である。いや、政府は、法人化をテコに、国立大学の、知的財産を生産する装置への再編を図ったということもできる。

こうした方向が、国立大学をどこに導こうとしているのかを、如実に示すのが、二〇一五年六月、下村博文文科大臣（当時）が国立大学法人に向けて出した通知「国立大学法人等の組織及び業務全般の見直しについて」である。次に掲げたのはその一部である。

> 特に教員養成系学部・大学院、人文社会科学系学部・大学院については、18歳人口の減少や人材需要、教育研究水準の確保、国立大学としての役割等を踏まえた組織見直し計画を策定し、組織の廃止や社会的要請の高い分野への転換に積極的に取り組むよう努めることとする。[30]

文系不要論として物議をかもしたので、記憶している人も多いであろう。しかし、下村氏からすれば、このどこに問題があるのだ、と反問したかったのではなかろうか。なぜなら、「知的財産立国」という観点からすれば、「国立大学としての役割」とは、知的財産を生み出すことであり、したがって、国立大学はそれができない「組織の廃止」を進めなければならないし、「社会的要請の高い分野」、すなわち利益につながる知的財産の生産が可能な分野に転換するのは国立大学の務めなのだから。

教育基本法はその前文で「個人の尊厳を重んじ、真理と正義を希求し、公共の精神を尊び、豊かな人間性と創造性を備えた人間の育成を期するとともに、伝統を継承し、新しい文化の創造を目指す教育を推進する」ことを目標に掲げている。大学の使命は、その教育を担う一方で、「学術の中心として、高い教養と専門的能力を培うとともに、深く真理を探究して新たな知見を創造し、これらの成果を広く社会に提供することにより、社会の発展に寄与する」と規定されている。[31]ところが、「知的財産立国」という経済振興策の前に、「豊かな人間性と創造性を備えた人間」を育てるための教育は後景に置かれ、真理を探究する学問は、知的財産の生産につながらない限り、切り捨てられるのだ。さすがに「投資」の語を用いてはいないが、国立大学に対する「戦略的かつ重点的予算配分」の、これが現実である。知的財産としてとらえなおされ、「戦略的投資」の対象とされた文化や芸術、文化財は、国立大学とは違う、と誰が言い切れるだろうか。

結びに代えて

文化芸術基本法が成立し、文化財保護法の改正がなされ、国の文化行政の何がどう変わったのかを予算から見ていこう。

表1は、二〇一九年度の文化庁予算の総額と内訳を、二〇一八年度と比較したものである。[32] Ⅰ～Ⅳの四つの主要事項では、「Ⅰ文化資源の〝磨き上げ〟による好循環の創出」の増加率が七四％と突出し

表 1　2019年度文化庁予算の概要

（単位：百万円）

	2018年度	2019年度	増減	増減率
総予算額	108,229	116,709	8,481	7.8
Ⅰ文化資源の“磨き上げ”による好循環の創出	9,783	17,106	7,323	74.8
1 魅力ある文化資源コンテンツの創出・展開	1,250	7,859	6,609	528.7
2 文化資源を活用した観光インバウンドのための拠点形成と国際発信	8,533	9,248	714	8.3
Ⅱ文化芸術立国に向けた文化芸術の創造・発展と人材育成	23,303	24,617	1,314	5.6
1 文化芸術創造活動への効果的支援	5,984	6,092	109	1.8
2 新たな時代に対応した文化芸術人材の育成および子供たちの文化芸術体験の推進	8,227	8,175	−52	−0.8
3 我が国の文化芸術の創造力向上と新たな価値の創出	9,092	10,350	1,257	13.8
Ⅲ文化財の確実な継承に向けた保存・活用の推進	47,380	51,799	4,419	9.3
1 文化財の適切な修理等による継承・活用等	38,579	38,937	358	0.9
2 文化財の公開活用、伝承者養成、鑑賞機会の充実等	8,801	12,862	4,061	4.6
3 文化財防衛のための基盤整備	24,198	24,778	585	2.4
Ⅳ文化発信を支える基盤の整備・充実	33,835	34,370	517	1.5
1 国立文化施設の機能強化（美術館、博物館、劇場）	29,166	29,133	−33	−0.1
2 国立文化施設の整備（美術館、博物館）	2,298	2,375	77	3.3
3 美術館・博物館活動の充実	1,275	1,150	−125	−9.8
4 生活者としての外国人に対する日本語教育	221	804	583	263.8
5 文化発信を支える基盤の整備・充実	893	908	15	1.6
特別会計　東日本大震災からの復旧・復興	553	565	12	2.1

＊総予算額以外の増減率は筆者による。

（出典）令和元年年度文化庁予算の概要

ていることが目を引く。主要事項は複数の小項目から構成されるが、主要事項Ⅰは増加率五二八％と他を圧倒する「1魅力ある文化資源コンテンツの創出・展開」を含む。この小項目の概要には「全国各地域が誇る歴史、文化財、伝統芸能、景観、食、祭りなどの魅力ある文化資源を地域全体で魅力向上につながる一体的な事業を展開及び整備を行い、文化財等の活用による地域活性化の好循環を創出するとともに、文化による『国家ブランディング』の強化、『観光インバウンド』の飛躍的持続的拡充を図る」とあり、要するに、主要事項Ⅰはクールジャパンを進めるための項目ということができる。

増加率の少ないⅡ〜Ⅳであっても、その下に置かれた小項目のほとんどの予算が横ばいか少額でも増額している中、減額した項目がわずかだが存在する。「Ⅱ文化芸術立国に向けた文化芸術の創造・発展と人材育成」の「2新たな時代に対応した文化芸術人材の育成および子供たちの文化芸術体験の推進」がマイナス〇・八％、「Ⅳ文化発信を支える基盤の整備・充実」の内、「1国立文化施設の機能強化（美術館、博物館、劇場）」がマイナス〇・一％、「3美術館・博物館活動の充実」がマイナス九・八％である。

博物館等の活動の充実のための予算が一〇％近くも減額された理由を問えば、文化庁の役人は、減った分は重点配分されている主要項目Ⅰで補填しますので安心してください、と言うのかもしれない。しかし、博物館等の活動は多様である。にもかかわらず、「国家ブランディング」や「観光インバウンド」の枠組みに特化させた形で予算獲得を強いるのだとすれば、博物館等が置かれている構図は、知的財産生産装置への転換を求められている国立大学と変わらない。予算そのものが、博物館等に対して、クールジャパンに協力せよ、「観光マインド」を持て、というメッセージなのだ。これが、文化・

芸術、そして、文化財に対する「戦略的投資」の内実である。

文化芸術基本法の成立は二〇一七年、文化財保護法の改正は二〇一八年。その直後の予算において、それ以前の各法律の基調であった保護や振興への配慮を欠けば当然批判が起こるだろう。あるいは、減額が三項目にとどまったのも、減額率が一〇%以下に抑えられたのも、その配慮によるのかもしれない。しかし数年が経ち、保護や振興に対する緊張感がなくなった時はどうだろう。国立大学が法人化されたのが二〇〇四年。その一〇年後には、文科大臣のあからさまな通知である。博物館等の置かれた状況が、決して楽観できないものであることは疑いない。人間の想像力や創造力を養う社会的基盤が損なわれようとしている今こそ、未来を見据え、文化財、文化・芸術、科学に関わる幅広い分野の人びとが集い、議論を深めるべき時ではなかろうか。

注

（1）文化庁のホームページ「文化財保護法及び地方教育行政の組織及び運営に関する法律の一部を改正する法律等について（http://www.bunka.go.jp/seisaku/bunkazai/1402097.html)。二〇一九年十一月アクセス（以下同)。

（2）朝日新聞デジタル二〇一七年四月一六日記事 https://www.asahi.com/articles/ASK4J5R1QK4JPTJB00H.html

（3）https://www.kantei.go.jp/jp/singi/kanko_vision/

（4）http://www.bunka.go.jp/koho_hodo_oshirase/hodohappyo/pdf/2016042601_besshi01.pdf

(5) https://www.kantei.go.jp/jp/singi/keizaisaisei/pdf/2016_zentaihombun.pdf

(6) 内閣官房のホームページ「文化経済戦略特別チーム」(https://www.cas.go.jp/jp/seisaku/bunkakeizaisenryaku/index.html)。

(7) 文化財保護法の改正条文は「新旧対照表」を参照のこと。http://www.bunka.go.jp/seisaku/bunkazai/1402097.html

(8) 右掲「新旧対照表」を参照のこと。

(9) 詳細は、岩﨑奈緒子「歴史と文化の危機――文化財保護法の『改正』」(『歴史学研究』九八一、二〇一九年)を参照のこと。

(10) https://www.mlit.go.jp/kankocho/kankorikkoku/kihonhou.html

(11) 観光庁ホームページ(https://www.mlit.go.jp/kankocho/kankorikkoku/kihonhou.html)

(12) インタビュー記事「日本の産業の強みである匠の技と先端技術の融合をもたらすインセンティブ」『法律文化』二〇〇四年六月。

(13) https://www.kantei.go.jp/jp/singi/titeki/kettei/020703taikou.html

(14) https://www.kantei.go.jp/jp/singi/titeki2/tyousakai/contents/index.html

(15) コンテンツ専門調査会日本ブランドワーキンググループ報告書「『日本ブランド戦略の推進』について」(https://www.kantei.go.jp/jp/singi/titeki2/tyousakai/contents/houkoku/houkoku.html)

(16) https://www.kantei.go.jp/jp/singi/titeki2/dai22/22gijisidai.html

(17) https://www.kantei.go.jp/jp/sinseichousenryaku/

(18) http://www.kantei.go.jp/jp/singi/titeki2/

(19) http://www.bunka.go.jp/seisaku/bunka_gyosei/shokan_horei/kihon/geijutsu_shinko/kihonho.html

(20) http://www.bunka.go.jp/seisaku//bunka_gyosei/hoshin/kihon_hoshin_1ji/index.html

（21）http://www.bunka.go.jp/seisaku/bunkashingikai/sokai/sokai_7/43/gijishidai/shiryo_7_1.html
（22）http://www.bunka.go.jp/seisaku/bunkashingikai/sokai/sokai_10/toshin_110131/
（23）http://www.bunka.go.jp/seisaku/bunka_gyosei/hoshin/kihon_honshin_4ji/index.html
（24）https://www.bunka.go.jp/seisaku/bunkashingikai/seisaku/
（25）第一九三回国会　文部科学委員会　第15号（平成二九年五月二六日）会議録（http://www.shugiin.go.jp/internet/itdb_kaigiroku.nsf/html/kaigiroku/009619320170526015.htm）
（26）https://elaws.e-gov.go.jp/search/elawsSearch/elaws_search/lsg0500/detail?lawId=325AC1000000214
（27）前掲（13）。
（28）https://www.kantei.go.jp/jp/singi/titeki/dai1/gijisidai1.html
（29）https://www.kantei.go.jp/jp/singi/titeki/dai1/s_09.pdf
（30）http://www.mext.go.jp/b_menu/shingi/chousa/koutou/062/gijiroku/__icsFiles/afieldfile/2015/06/16/1358924_3_1.pdf
（31）https://elaws.e-gov.go.jp/search/elawsSearch/elaws_search/lsg0500/detail?lawId=418AC0000000120。
（32）文化庁ホームページ「文化関係予算」の「令和元年度文化庁予算の概要」（http://www.bunka.go.jp/seisaku/bunka_gyosei/yosan/）から作成。

地域の歴史や「負の歴史」と向き合う努力

第二章　歴史系博物館の可能性

久留島　浩

はじめに

本章では、「文化で稼ぐ」ことが経済戦略の柱となっている現在、文化を継承することと消費することとの関係性（緊張感を持った関係性＝せめぎあい）について、そのせめぎあいの場である博物館に身を置く立場から自省の気持ちも含めて考えるとともに、博物館（とくに歴史系博物館）にどのような可能性があるのか、何をなすべきかについて私見を述べたい。

なお、本章は、これまでにさまざまな場で語ってきたことをもとに構成しているため、主たる内容や論点が重複していることを、予めお断りしておきたい(1)。

一　「文化で稼ぐ」ことの持つ意味――地域の文化財をだれがどのように保全・活用するのか

1　「『稼ぐ』ことのできる文化」とは何か？

この間、博物館や「文化財」をとりまく状況が、大きく変わろうとしている。さしあたり直接の前提として留意しておくべきことについて述べると、二〇一六年四月四日の文化審議会総会で「文化GDP」を拡大することが議論され、翌一七年三月一日に「文化経済戦略特別チーム」が設定されたあたりから、「文化経済戦略」という方向に向かって具体的に動き出したのだと考える。[2]

このチームに求められた役割（「位置付け」）は以下の二点である。すなわち、第一に、「これまでの文化庁における文化振興にとどまらず、オリ・パラをはじめ、まち・ひと・しごとや観光等、内閣官房や各府省等が行う文化関連施策を横断的に取り扱い統合強化した上で、経済拡大戦略のためのプランを策定していくことが必要。こうした総合的な企画調整を進めていくためには、内閣官房の協力を得ながら、文化庁の枠組みを越える相応の体制を整える必要があり、関係府省庁の職員が参集したチームをつくることとした」ということであり、第二に、「チームの職員は、内閣官房副長官補付となり、平田内閣官房参与及宮田文化庁長官のもとで、文化庁内で業務を遂行する（二〇一七年三月一日発足）」ということである。そして、この時点でのチームの主な業務は、「（一）「稼ぐ」文化への展開、（二）文化プログラムの推進、（三）「上野『文化の杜』新構想」等のプランの策定」とされた。このことから、経済拡大戦略の一つとして、文化庁に文化戦略特別チームを置き、単に文化庁の機能を強化するにとどまらず、これまでの文化財行政とは異なる、「文化」の位置付けができる体制をつくることに主眼があったといえよう。少なくとも、この流れのなかでは、「文化」とは「『稼ぐ』文化」を意味するものになっている。さらに、四月一日には、文化庁地域文化創生本部が置かれ、こののち文化庁もこの文化経済戦略の一翼を担うことになる。このことは、「経済財政運営と改革の基本方針２０１７」（平成二九年六月九日閣議決定）「未来投資戦略２０１７」（平成二九年六月九日閣議決定）「まち・人・しごと創成基本方針２０１７」（平成二九年六月九日閣議決定）など、いわゆる二〇一七年の「骨太の方針」のなかで示された、文化財のあり方に関係する方針どおりということになる。

このなかで、五月一九日には、文化審議会のもとに置かれた企画調査会に「これからの文化財の保存と利用の在り方について」の諮問が文科大臣名でなされ、六月一日からは、企画調査会がハードスケジュールで審議を行っている。審議のなかでは、文化財の保護と活用をめぐる有意義な意見も出されているし、真摯な議論もなかったわけではない。しかし、実質的な議論が二ヶ月程度で終了していることから考えても、ほんとうに十分に議することができたのかについては疑問も残る。後述するように、この改訂の前提になる現状認識やそれに対応している一部の方策には同意できるものもあるが、方策をどのように実現するのか、という点では岩﨑（本書第一章）の指摘するとおり、問題を抱えたままである。

2　文化財保護法「改正」の前提になる現状認識――「改正」を検討する背景

「改正」された文化財保護法について批判するだけでは前に進めない。というのは、この議論の前提にあった「文化財の定義」と現状認識については、今後の議論を進めるうえで、踏まえておくべき点もあるからである。なぜ、深刻な現状認識を共有しているのに、その打開の方向が途中から分岐するのか、わたしにはどうしても理解できないところがある。この点についても、繰り返しになるが触れておきたい(3)。

まず、文化財の定義については以下の二点が挙げられている。

①「文化財は、我が国の様々な時代背景の中で、人々の生活や風土との関わりにおいて生み出され、現在まで守り伝えられて来た貴重な財産である。」

②「文化財は、我が国や各地域の歴史や文化を認識させ、魅力あふれる地域づくりの礎となり、コミュニティの活性化に寄与するものである。」

ここでの定義では、文化財とは、それぞれの時代の影響を受けつつ、人びとが自分たちの生活や風土のなかで創り上げ、現在まで継承されてきた「財」であり、それゆえに人びとが生きた国や地域の歴史と文化について認識するために不可欠なものであるということである。それだからこそ、地域に生きる人びとが今後「魅力あふれる地域」を創生するときの基礎となり、そのことでコミュニティが活性化する（地域振興にもなる）というものである。広義のかつ本質的な定義だと評価でき、言うまでもなく「指定文化財」であるかどうかは問われていない。地域（都市も含め）で暮らしてきた人びと自身が、こうした文化財を産み出しただけでなく、「財産」として認識・継承し、さらに地域創生に利用するということである。

次に、「我が国の社会状況」についての認識として、以下のように述べられている。

「急激に変化し、過疎化・少子高齢化の進行により地域の衰退が懸念されている。これは豊かな伝統や文化の消滅の危機でもあり、文化財は、未指定のものも含め、開発・災害等による消滅の危機のみならず、文化財継承の担い手の不在による散逸・消滅の危機にも瀕している。このような厳しい状況の中、これまで価値づけが明確でなかった未指定の文化財も含めて対象にした取組の充実や、文化財継承の担い手を確保し社会全体で支えて行く体制づくり等が急務である。」

これにとどまらず、たとえば、「国立大学をめぐる改革(4)」や「2040年高等教育デザイン(5)」などのように、政府が公表する施策や方針が組み立てられる際の基礎的な認識は(実はもうすでに繰り返し指摘されていることだが)、少子高齢化・人口減少による人手不足と産業空洞化と地域間格差の拡大による地域社会の変質・解体という点にある。そして、このように地域が衰退するなかで、地域で継承されてきた「文化財」(当然未指定も含む、自分たちで「財産」だと認めてきたものすべて)を維持・継承する担い手がいなくなり、早晩「文化財」も散逸・消滅するという状態だというのであり、この現状認識についても異論は無い。

さらに、「文化財保護制度の在り方を変える必要性」についても、「文化財の継承と地域社会の今後の在り方との関係は極めて密接である」として、これからの地域社会にとって「文化財の継承」が重要であるとする。そして、「今後、多くの人々が参画し、社会状況の変容に伴い危機に瀕した文化財について、地域の文化や経済の振興の核として未来へ継承する方策を模索し、文化財保護制度を、これからの時代を切り拓くにふさわしいものに改めていくことが必要である」とする。そこで暮らす(働く・学ぶもありかもしれない)人びとが主体となって、その地域の歴史と文化を次世代に継承すること、その前提として、歴史や文化を知るために文化資源をどのように把握し、どのように継承するかが、喫緊の課題として考えられているように読める。そして、「未来へ継承する方策」としては、地域の自然・歴史・文化遺産をそこに住む人びとが「参画」して、実際にどのようなものが自ら継承すべき文化財なのか、を明確にすることが、この文化財保護法「改正」のなかのキーワードでもある「地域における文化財の総合的な保存・活用」の前提だということにしている点は評価できる。

しかし、「地域の文化や経済の振興」とあるように、文化と経済とがいつの間にか並列されているあたりから少し疑問も生まれる。一見すると、ユネスコの「ミュージアムと収蔵品の保存活用、その多様性と社会における役割に関する勧告」（二〇一五年一一月一七日）[6]の「ミュージアムの果たす経済的な効果に注目する」という趣旨と重なっているようにも見える。勿論、ここではミュージアムについてであり、そこでは「地域の文化が地域の経済にとって持つ意味」が問われているのだが、そのためには充分な検証も必要である。

そして、「地域における文化財の総合的な保存・活用」の「具体的な方策」という点ではどうだろうか。地方文化財行政の推進力強化がうたわれるのはよいとしても、自治体の首長が文化財保護の事務を担当できるようにするという点は、いかに「地方文化財保護審議会の設置を必須とする」とはいえ、これまでとは異なる文化財の利用につながらないのだろうか。そして、肝心の「地域における文化財の総合的な保存・活用」では、「国の指針を参考にして、地方公共団体や所有者などが大綱・計画を作成する」ことになり、「都道府県は、域内における文化財の保存・活用に関する総合的な施策の大綱を策定することができ」、「市町村は、都道府県の大綱を勘案し、文化財の保存・活用に関する総合的な計画（文化財保存活用地域計画）を作成し、国の認定を申請できる」とする。実際に、これに沿って県レベルでの大綱造りは進められているようだが、多くの市町村に、地域の自然・歴史・文化資料を調査して把握し、「文化財保存活用地域計画」を策定するだけの専門的な、しかも本来多様である文化財に対応できるような職員が、必要な人数だけ存在しているのだろうか。この点で、岩崎論文では具体的な数字を挙げていかに貧弱なのか証明している。[7] 現在の人数で、資料を調査し、価値付けをし、修理・管理し、ガイダンス施設を整備して、「普及啓発」までをほんとうに行うことができるのだろうか。ましてや、充分な「観光マインド」まで持つことができるのだろうか。この時示された「ポンチ絵」のなかで、重要文化財等として例示されているもののなかに「文献資料」が描かれていないのは、意図的だったのか。地域に所在している膨大な量の近世・近代の文書をどうするのか。どのように「悉皆」調査して、その記録保存も含めた方針と実現するための計画をもっているのだろうか。それは、予算や人員も含めて、具体的に検討されているのだろうか。この点では、多くの市町村では不可能であるということを予め想定しているとしか考えられない。そのためなのか、「文化財保存活用支援団体」に依嘱できるような仕組みを予め想定しているのである。では、この団体とはどのような性格の「団体」が想定されているのだろうか。そのような団体はどうしたら、たとえば、ＮＰＯとして形成することができるのか。地域に人材を残すような教育機能も不可欠だと考えるが、この点がどのように進むのか。まさか、「企業再生支援機構」を引き継いだ「地域経済活性化支援機構」のような団体やあるいは指定管理として「文化でもうけようという」団体を想定しているとは思わないが、このような団体によって、観光資源として「稼ぐことのできる『文化』」だけではなく、地域の歴史・

文化を形成して、地域の歴史的個性を生み出してきた豊かな歴史・文化資料の調査が進むのか。それを継続してできるような人材を地域に残すことができるのか。岩﨑が喝破するように、所詮「『わが国の歴史・文化等』の証であったはずの文化財が、使ってなんぼ、見られてなんぼの消費財と化した後に訪れるのは、『歴史・文化の空洞化』であり、『地域振興の名の下、歴史を廃し、文化を毀つ嵐が吹き荒れている』のではないか。(8)

3 「日本遺産」や自治体史編さん事業の持つ意味――地域歴史資料の保存と「活用」との関わりで―

①「日本遺産」はどうなるのか?

次に、「日本遺産」の持つ問題性について、いささか自己批判も含めて検討しておきたい。地域の文化財をどのように活用するか、という点で、この日本遺産は、具体的な試金石でもあるからである。(9)

二〇一六年四月、「北総四都市江戸紀行・江戸を感じる北総の町並み」(10)が千葉県内で初めて日本遺産に認定された。利根川水運と街道によって「百万都市江戸」のくらし・文化・経済を支える一方、江戸から普及した文化を享受した城下町佐倉・門前町成田・商家の町佐原・港町銚子という四都市が、「(成田空港の近くで)世界に一番近い江戸(を感じることのできる地域)」だということが評価されたようである。日本遺産は、文化財を個別に指定・保存するのとは異なり、県や市町村が「地域の歴史的魅力や特色を通じて、我が国の文化・伝統を語るストーリー」を申請し、そのなかから文化庁が認定するもので、「地域が主体となって」有形・無形の文化財を「総合的に整備・活用」するとともに、

「国内外に戦略的に発信すること」で「地域の活性化を図る」というものである。しかし、この「地域が主体となって文化財を整備・活用すること」はそう簡単ではない。そもそも、日本遺産とはどのようなもので、認定されると何が変わるのかについて、まだ県民が十分に理解しているようには思われない。この点で、わたしの自己批判は、ばらばらでかつ文化財担当職員が不足している自治体が連携できるのであれば、少しは下からの運動になるのではないかという「夢」を見てしまった点にあり、結果的に「予算が皆無になった」現在もこれを維持する委員を務めることになったことである。実は、県内には、これ以外にも歴史的なストーリーを組み立てることのできる貴重な歴史文化遺産はたくさん残されている。たとえば、「牧と馬」という日本遺産のストーリーにつながるような遺跡や絵図・大量の文献資料などは、房総地域固有の歴史を象徴しているが、すぐに保存や継承を本格的に始めないと、早晩喪失する。千葉県ではじめての「日本遺産」の次には、県を超えたこの構想も合わせて実現できるのではないか、というわたしの「妄想」も実ることはなかった。

②自治体史編さん事業の「成果」とは?――『千葉県の歴史』編さん事業に関わって(11)

もっとも、県民・市民に、こうした身近な地域の歴史文化資料への関心がどの程度あったかというと、残念ながらそれほど多くはないように思う。そもそも、わたし自身いくつかの自治体史編さん事業に関わってきたのに、地域住民が地域の自然・歴史・文化資産に関心を持てるような仕組みを長期にわたって具体的に考え実践してきたのかどうか。この点は、私自身につきつけられた大きな課題であり続けている。

実は、千葉県は、他県同様に、千葉県博物館協会という県内の博物館のネットワークを持つだけでなく、二〇〇九年には、「千葉県文化財救済ネットトシステム」を発足して、自然災害のときには文化財を保存・救済する仕組みもできている。二〇一二年二月には、千葉大学の日本史研究室を事務局とした「千葉歴史・自然資料救済ネットワーク」[12]という自然・歴史・文化資料を調査し救済する組織も発足している。そして、一九九二年度から二〇〇八年度まで足かけ一六年に及んだ『千葉県の歴史』編さん事業は、千葉県史料研究財団という組織を立ち上げ、他県のように分厚い出版物を棚に並べることだけを目的とするのではなく、事業終了後も財団が、県に関わる歴史資料の調査・研究を計画的に実施し続けるものと、少なくとも当初は考えられてきた。財団設立準備過程で作成された「千葉県史編さん事業について」の「趣旨」には、「古文書・公文書その他歴史的な史料の散逸及び消滅を防ぎ、これを後世に継承することを目的として県史編さん事業を行う」ことが明記されていた。「千葉県史編さん大綱」（平成四年三月三一日から施行、以下「大綱」）ではトーンが落ちて、「先人の残した歴史及び自然誌に関する資料を収集採録し、後世に継承すること」（第二条「目的」第五項）とされ、「散逸や消滅」という現実を直視する文言は無くなったが、それでもバブル期を経て、不可逆的に変貌しつつある県内状況のなかで、歴史資料のうち、とくに近世・近代史料の現状を憂い、その散逸防止のために全力を尽くすべきだと認識していた。わたしたちも、急速に変化する地域社会のなかで、近世・近代（現代）文書が危ないと感じていた。こうした貴重な資料群の散逸を防ぐための調査・研究こそが、財団にとっての緊急の課題であると考えたからこそ、まず、県内外の近世史料の所在状況をできるかぎり徹底的に調査し、千葉県域に関わる近世史料の「現状」を把握することから始めようとしたのである。しかしながら、県史編さん事業終了後、財団も解散させられた。この事業で県民が得る最大の財産は、少なくとも収集された史料およびそれに関わる情報のすべて、そして、今後も収集・蓄積され続ける新しい史料情報や研究成果のすべてだと考えている。県民が、今後、財団のつくりあげた、この豊かな歴史文化資源をどのように使いこなすか、どうしたら使いこなせるようになるのか。このことを真剣に考えること自体が、県民の生涯学習に責任を持つべき県のあるべき姿なのではないかと、今でもそう考えている。「大綱」で明言されているように、ほんとうに「県民文化の向上」や「県史に主体性を持たせる」ことを考えるのであれば、県民がよりよい条件で利用し続けることを、まずは保障すべきなのである。たとえば、実際に資料編に収録できたのは、マイクロフィルムで収集したもののわずかに二・五％にすぎない。十分な調査が終了していないところも少なくない。これから新たに発見される可能性も高い。そのため、このような県民の歴史文化的資源を後世に継承するだけではなく、調査・研究を継続することでその付加価値をさらに高め、継続的な資料集を刊行したり、史料情報をデジタル発信したり、あるいは収集資料そのもののデジタル化を進めるなど、県民が自ら千葉県域の歴史研究を行うことができるような場や条件を構築することが必要ではないかと考える。現状では、既存の組織である文書館がそのような機能を果たすしかないのだが、いかに優秀とは言え、非常勤職員に依拠することで業務を行っている現在の文書館で十分なのだろうか。多くの税金を使い、本当ならばさらに県民の文化向上のために使えるはずだった調査・研究の成果は、今後どのように継承できるのか。文化運動という側面を強く持つ県史編さん事業は、「県民による県民のための」文化運動として、これで終わってよいのだろうか。

千葉県は、他県に先駆けて、文書館も設立し、このように編纂過程で集積した多くの史料情報だけでなく、膨大な近現代の行政文書の保全も行おうとしたはずであるが、一昨年、この文書館は、貴重な近現代の資料を大量に破棄するという、あってはならない事態を招来してしまった。[13]破棄する前に、専門の研究者などからなる委員会で検討するなど、慎重な体制を構築する必要があるが、そもそも、県民が自ら、地域の歴史や文化を学ぶために、開かれた組織になっていないこと、少なくとも、県民が自分たちの財産（それこそ文化財といえる）だと自覚できるようなかたちになっていないこと、県史編さん後、わたしたちもこのような条件を整えるべく「文化運動」を組織する努力をしてこなかったこと、も問題の一因だと思う。県民自らが、そうした地域の文化財や近現代の行政文書も含めた貴重な歴史文化遺産に対して、自らのものとして関心を持ち続け、自ら学ぶことができるようにすることが、文化財保護法「改正」[14]後の自治体や地域に関わる研究を進める研究者の責任ではないか。

話を日本遺産に戻すと、二〇一六年一月二二日、国立歴史民俗博物館で「北総四都市江戸紀行・江戸を感じる北総の町並み」に関わって、この四都市で町づくり活動をしてきた方たちの貴重な経験を伺う機会を持つことができた。そこでは、一般の市民が町づくりの主体となって、「歴史文化のリテラシーを高め」ることが基本であり、「受動態から能動態へ」と意識改革し、「下からの住民のアイデア」を出し合うことが重要だという意見が出された。「自分たちの「まち」を自ら守る」ために、「暮らしている人たちが文化を残す」こと、「見世物」や単に観光の対象にすぎない町並みでなく「生きた町並み」を大切にすること、「生きる場でもあり、同時に商業活動の場」にすることが不可欠だという意見もあった。日本遺産の申請・認定を、一時的な観光資源とするにとどめず、地域の歴史文化「資源」として継承・活用することが重要であるという発言が、住民のなかからなされたのである。地域の歴史文化遺産と正面から向き合うことのできる主体が地域に根付いてはじめて、日本遺産が住民にとって意味あるものになるのではないか。この点が、どのように実現できるのかは、それこそ、先述した文化財保護法「改正」にともなう、地域での文化財保全・活用に担い手を育てることにかかっていると思われる。それは、長期的な、予算に裏付けられた取り組みになるはずだが、その見通しが示されているようには思われない。日本遺産は、当初から四年間で予算がなくなり「自走」することが前提だったようだが、そのための方策が実際に講じられているところはどのくらいあるのだろうか。少なくとも、二〇二〇年をゴールにしてはいけないのであって、それを越えて、この活動の裾野を広げ、継続することが不可欠だと思う。

二　歴史系の博物館に求められていること

1　地域社会に残された自然・歴史・文化資産と向き合うこと――なぜ、今、ミュージアム（博物館）が地域社会のなかで必要なのか？

前節でも述べたように、しばしば喧伝されているような限界集落の増加、市町村の衰退（解体）を食い止め、地域で育まれてきた豊かな歴史・文化を、誰が、どのように護り、継承していくのか、というのが喫緊の課題であることは、おそらく広く共有できるはずである。繰り返しになるが、文化財保護法の「改正」や二〇四〇年を目指した高等教育のビジョンでも、こうした現状認識は共有されており、地域の人びとが自ら地域社会の振興の問題に取り組むために、今ほんとうに何をなすべきかが、

問われているのである。(15)

そして、「少子・高齢社会」のなかでの「生涯学習」の在り方、地方の人口減少・過疎化が進むなかでの「地域社会」の在り方そのものも問われており、日本の地域の博物館は、この課題と向き合う必要があるのではないか。

この点では、一九九五年の阪神・淡路大震災以後、水害なども含めてさまざまな自然災害が起こり、人命だけでなく、多くの歴史・文化的資源が失われてきたこと、そして当初こうした地域の被災資料を救済するために結成され、その後保全・修復や利活用を行って、地域の人びとに資料保全の意味を伝えようと活動してきた「史料ネット」の活動に、わたしは大きな衝撃と感銘を受けてきた。(16)とくに、被害が極めて大きく広範囲にわたっているだけでなく、容易には解決できない原発事故の問題も含めて、二〇一一年三月一一日の東日本大震災から学んだことは多い。しかもごく当り前に日々の生活をしてきた人びとや建物などあらゆるものが一瞬にして津波に飲みこまれていく様子を目の当たりにしたときのショックは今でも残っている。近世後期の地域社会を対象にして研究してきたわたしにとっては、幕府や藩の文書支配の一環としてその領域では、同じような史料が作成させられるだけでなく、そうした公的な文書も含め自ら必要に応じて作成した資料をも含めて継承することに注目してはいたが、「どこにでも残る」資料がその地域固有の歴史を反映しているのだ、という点への認識はきわめて薄かったと言わざるを得ない。その地域の自然を含めた歴史的個性をどのように示すことができるのか。市町村史編さん事業などで悉皆調査が行われているところでは、それぞれの地域特性を踏まえた叙述がなされているところもあるが、県史レベルだと、調査し把握した資料の分量に比して紙幅の制約が大きいためもあって、代表的な村の典型的な資料を取り上げることに留まっているところも少なくない。

そして、被災からの「復興」という点について言うと、東日本大震災後、すでに八年を経て、多くのところ（自分が住んできた町や村）で、いったんは震災に打ちのめされた人びとが「復興」しようと努力している。こうした自ら「復興」を試みようとするうえで、どのようなことが必要なのか。被災した人びとにとっては、写真アルバムや日記、手紙・はがきなどの、個人や家の「記憶」に関する資料の喪失は大きな問題となっており、個人・家の記録や家族の記憶を取り戻すことが、生活を再開しようとするときの精神的な支えになっているという様子をみて、現在「史料ネット」で普及しようとしている「写真の救済」方法などが持つ意義をあらためて痛感した[17]。そのうえで、かつての集落での生活を取り戻そうとするときには、その地域に刻まれた自然や歴史・文化を再現（一部だけでも、あるいは記録として再現）できるかどうかが大きな意味を持つこと、一時的な集合住宅も含め、新しい場所に移住し、そこで自分たちの生活をやり直そうとするときに、かつて一緒に住んでいた場所の年中行事や現在住んでいる地域の歴史・文化に関わることが、新しい場所で一緒に住もうという人びとの間でのアイデンティティを形成するために不可欠だということを、あらためて（というか、はじめて）理解することができたのである。とくに、その地（いわゆる父祖伝来の土地）に、一緒に住み続けることを決意した人びとにとって、地域の自然環境と歴史・文化に関する、地域社会で共有すべき「記憶」や記録、たとえば、文献資料・人びとの記憶（ことばや共通の経験・動作でしか継承できないもの）・生活や生産に関わる「もの」（道具や日用品）・建物や景観などまでが、そこで生き続けるうえでは不可欠になるのではないか[18]。

そして、何よりも重要なことは、少子高齢化による過疎化が進む地域社会は、自然災害に対してきわめて脆弱であるということであり、実際に、すでに資料が失われつつある地域も多いということである[19]。地域社会の衰退は、地域社会が蓄積してきた歴史・文化資料を確実に消失させているのである。この点での認識は、先述したように、文化財保護法「改正」の前提でもあったわけだが、この現実に正面から、かつ覚悟を決めて向き合おうとする市町村を、本当に支援するような仕組みになっているのだろうか。

その意味では、大震災を経て、その地域の有形・無形の歴史資料の把握と保存は、地域の博物館に課された役割であることが明確になったように思われる[20]。地域に残る資料の調査（資料の把握・保存と記録化）・研究とそれを使った展示などの普及事業は、地域の博物館の基本的な役割であることは周知のことであるが、博物館（とくに地域の歴史民俗系博物館）のなかには、文献資料だけでなく、考古的遺物から生産・生活道具、美術品までも含む「モノ」資料やことば・技術・身振りなど文字によらずに語り継いできたさまざまな伝承をも含めて、収蔵・収集しているところもある。そして、こういった地域のさまざまな「資料」をもとに「展示」というかたちで再構成すること、すなわち「見えるかたちでの地域の歴史」を展示で示すことができるということの持つ意味が大きい。地域の資料の調査・研究・展示を通して、地域の自然・歴史・文化と向き合う博物館という役割である。そうした日常的な活動によって、今後も起こりうる大規模自然災害に対する有効な対応も可能になるものと思われる。地球温暖化など地球レベルでの環境悪化も不可逆的に進行するなかで、とくに日本の地域社会はますます無防備になりつつある。地域社会を支えてきた人と人の関係を維持、再生、あるいは高次復活をするために不可欠な要件がなくなりつつあるのであり（地域の自然・歴史・文化に関する資源がなくなる、それを調査・研究したり、活用したりする担い手がいなくなる）、何よりも、地域社会のこうした問題を自ら考え、共同して対処できるような人材の育成に、博物館が積極的に関わる必要が生まれているのである。「文化財保護法『改正』」の前提や趣旨をほんとうに実現するのならば、地域で働き・暮らし、地域の課題を自ら解決しようとする人材育成を行うべき大学の教育機能とともに博物館機能を強化することから始めるしかないように思われる。かつては、多く存在していた「地域の歴史家」（郷土史家）の世代交代がうまく進まないなか、地方の大学がそうした人材を育てるだけの専門的な教員を減らして、その教育力を低下させ、小・中・高校の教員も大学院で日本史の修士論文を書くことができなくなるなかで、学校の行事や生徒指導に追われて学校がある地域社会についての「研究」（教えるための基礎的な研究）でさえできなくなりつつ（そうした時間も能力も失いつつ）ある。未来を担う子どもたちにとって、もっとも身近な「地域社会」であるといえる「学区の歴史」を教えることのできる教員がほとんどいなくなったと言ってもよい。「郷土のことを知り、愛する」ことが「国を愛する」ことの前提だというのなら、子どもたちから「学区の歴史」を主体的に学ぶ機会を奪ってはいけないはずである。

なお、とくに、被災した地域では、博物館は、その地域の資料をもとに歴史的展示を行うことができる。こうした地域（そこに住む人びとも含めた）の歴史を復元するような展示は、これからそこで生きようとする人びとにとっては大きな意味を持つ[21]。そして、地域の学校に通う子どもたちにとって、先ほど「学区の歴史」について言及したように、自らの住む地域の歴史を知る（感じる）という経験は重要である。こうした展示は、大震災からの復興にとって不可欠であるだけでなく、現在の日本が過疎化（少子高齢化）によって地域の歴史・文化継承者がいなくなっているうえ、自治体の無計画な合併による地名の持つ意味の喪失といった事態になっており、かつての地域社会を復原的に想像することはきわめてむずかしくなりつつあるなかで、地域の博物館が担わなければならない役割は極めて大きい[22]。

2　歴史と真摯に向き合うこと

①現状認識から

前項でみたように、地域社会が大きく変化するこの三〇年間は、わたしたちをめぐる世界や地球の状況が決して望ましいとは言えない方向へと不可逆的に変化し始めた時期にも重なるように思われる。一九九〇年代のバブル経済の崩壊から二〇〇八年のリーマンショックへと続く経済的危機もしくは「低成長」の時代から基本的には脱することができないなかで、世界規模で貧富などのさまざまな格差が広がり、異なる国・民族・宗教などの間で矛盾・紛争が激化している。戦闘や紛争による市民の犠牲を報じるニュースを聞かない日がない。一九八九年のソ連崩壊、一九九〇年のドイツ統一によって、資本主義による共産主義に対する勝利がなされたと信じられた一方で、一九八九年の天安門事件を境にして、中国では愛国教育が進み、その一党独裁政府は、資本主義と見紛うばかりの開放経済を取り入れて、今やアメリカを脅かす強国となりつつある。そのなかで、とくに近年は、「〇〇ファースト」を豪語してやまない指導者やその自国第一主義政策（したがって移民を拒絶する「内向き」の政策でもある）を支持する人びとが、世界各地に拡大している。「国民国家」を乗り越えて新しい「地域的共同体」を形成しようとしたEUの試みも、その行き先は不明である。一方で、最新の科学技術を軍事的開発にむけるとともに、人びとを個別に識別・管理する力をも手に入れた「独裁」政権による社会主義国の動きも予断を許さない。

人間を取り巻く自然環境も、地球規模で確実に悪化している。この問題、とくに気候変動が将来にわたって大きな影響をあたえることが明確になり、国際的な対応が必要だと考えられ始めたのが一九八八年で、一九九五年には一九九二年の地球環境サミットで採択された「気候変動枠組条約」の参加国による「締結国会議」が初めて開催され、第三回会議で「京都議定書」が採択されたこと、二〇一五年第二一回会議でパリ協定が結ばれたこと、近年アメリカとカナダがこの条約から脱退したこと、などはよく知られている。グレタ・トゥンベリさんを例に挙げるまでもなく、地球環境を現在の世界を動かしているシステムそのものの限界によるものとしてとらえ、世界中の人びとによる運動にまで高めなければならないくらい、状況は深刻だと考えられている。しかし、少なくとも国家間で共有できるような有効な方策は見いだされていない。二〇三〇年までに達成すべき「持続可能な開発目標（SDG's）」[23]の項目に一部が示されている。とくに政府の方策の中では声高に語られることが多くなっているが、少し振り返ってみると、二〇〇〇年に国連サミットで採択された「MDG's」[24]（八つのミレニアム開発目標）のなかで、七つめの「ゴール」として「環境の持続可能性確保」が設定されていたが、このときにも八つめの「ゴール」として「開発のためのグローバルなパートナーシップ」の構築ということが掲げられていた。先に「開発」を始めて、その成果を歴史的に享受してきた「先進国」と、「開発」どころか「極度の貧困と飢餓」に苦しみ続ける「開発途上国」との大きな矛盾を抱えている状況に対して、世界レベルで共有できる目標をたてるというものではあったが、課題は持ち越されたまま、「SDG's」では目標が細分化されて一七に拡大したとしか思われない。「13　気候変動に具体的な対策を」や「7　エネルギーをみんなにそしてクリーンに」もそのなかに掲げられるなど、経済成長や開発を維持し続けながら、地球環境の課題を解決しようとするという、基本的には市場原理主義を基調とする資本主義の「先進国」の対策の先は見えているようにも思われる。独裁的な政権のもとで国家的な経済成長を続ける「社会主義」国の現在のありように対しても、傍観して済まされる状況ではなく、それこそ国家や地域を超えた再生可能なエネルギー生産の仕組みを実現することが真剣に議論されなければならないが、日本では、原発に依存する体質からの脱却でさえ覚束ない[25]。

このように地球レベルでも世界レベルでも、希望や期待をもって未来を見通すこと自体が容易ではなくなっており、このような時だからこそ、現在（「今」）の視点から、人間の経験・活動の蓄積の結果である歴史を学ぶことの持つ意味は大きいと考える。そして、価値観や歴史認識を異にする人びととの間での具体的な対話や交流を促し、国際的な相互交流を進める必要性も明確になっている。インターネットやソーシャルネットワークの進化によって、多くの新しい知識や情報を得ることができ、国や地域を超えて見ず知らずの人びとと意見を交わすこともできるようになってきたが、その一方で、独りよがりで、見たいものしか見ようとせず、耳ざわりの良いものしか聞こうとしないで、フェイクニュースやヘイトニュースを送受信しても疑問をすら持たない、自称「愛国者」たちも増えており、結果的に自国・自民族第一主義を拡散させているのではないかと思われる。

そのなかで、真摯に歴史と向き合うこと、歴史から真摯に学ぶことが重要で、歴史系博物館には、こうした「内向きの」「一国史」・「一民族史」的歴史観を相対化し、誰もが映像・写真や文献資料を含む「モノ」資料などによる展示で示された歴史や文化を享受できるという役割が大きくなってくるのではないかと考える。

そのなかで、とくに重要なのは、展示しにくい歴史、展示したくない歴史、すなわち「語りたくない負の歴史」（国民に知らせたくない国家的な犯罪など）や「暗い過去」と向き合うこと、そうした「負の歴史」に関わる展示をめぐって意見の異なる人びとと議論することだと考える。

以下、この点に関して、二〇一七年のＩＣＯＭ（国際博物館会議）の統一テーマ「歴史と向き合う博物館」に関わって報告したこと[26]を中心に、歴史系博物館の可能性について考えてみたい。

とはいえ、「負の歴史」と向き合うことは博物館にとっても容易なことではない。とくに、日本の公立の歴史系博物館にとっては、きわめて重くむずかしい問題で、真剣に考えている学芸員も少なくない。しかし、「観光マインドのない学芸員なんていらない」などと言われ[27]、地域の文化財の観光への活用までも担わされるようになるなかで学芸員には、このような重い課題に取り組むだけの意欲も余裕もなくなっていくのではないか。

しかし、さきほど述べたように、ほんとうはとても重要な現実的課題だと考えるので、ここでは、日本の歴史系博物館（平和博物館も含めて）で「戦争」を展示することの問題点について触れたい。日本の歴史系博物館の現状と、それでも博物館でできること（博物館の可能性）について、論点を少しでも共有できればと考えるからである。

②歴史系博物館で歴史（過去）と向き合う

では、現在の日本の歴史系博物館が抱えている課題はどのようなもので、それでも何ができるのか、について二点ほど私見を述べたい[28]。

第一に、前提としておかなければならないのは、「近代的」博物館・美術館は、近代国民国家形成と関わって形成されてきたので、ナショナル・アイデンティティ＝国民の意識（歴史意識）の形成に関わり、とくに歴史的・文化的な「物語」を創る（再発見・再解釈する）ことによって「国民を創る」という役割を担ってきたという、周知のことであり、この点をどのように克服できるか、ということである。その政治性は隠しようもなく、「政治的中立」を博物館に求めることは現実にはきわめてむずかしい。この点は、後述するように、とくに戦争記念館など、国家の戦争の記憶を伝えるところでは顕著である。「自国の兵隊」が「自国」のために経験したことを「自国との関係」を前提として展示することで「記念」し、「記憶」を未来へ、戦争を経験していない世代へと継承することを目的としているがゆえに、それと異なるストーリーはもともと想定されていない。国民国家の国民統合の意思がもっともわかりやすいかたちで現れるのである。しかし、もっとも政治に左右されやすい歴史系博物館とはいえ、現在のドイツの歴史博物館の主張に典型的なように、「一面的でナショナルなパースペクティヴやメインストリームの視点からは歴史や文化を示すことはできない[29]」というのが、近年、現在までを展示しようとする世界の歴史博物館の潮流である。残念ながら日本の近現代を展示する歴史博物館は、この点では後れを取っており、それ故に、博物館としての政治性や恣意性には留意しつつも、

「一国史」にならないように、ジェンダー的視点や少数民族の視点から、しかもグローバルにみることを重視して展示をすれば、その歴史展示の持つ可能性を現代社会において広く共有することができるのではないかと考える。

その意味では、とくに、戦争・公害・災害（人災）や少数民族をめぐる矛盾・対立など、権力にとって、触れたくない（触れられたくない）「負の歴史」や継承したくない「負の記憶」を展示に組み込むことによって、国民に知らせたくない国家的な犯罪など博物館がそれをめぐる論争をどのように提供できるかどうかということが鍵になってくる。(30)

第二に、歴史系博物館の来館者のなかに、しばしば見られる「歴史博物館には正しい歴史の事実（史実）が展示されている」という、意外に根強い言説（思い込み）に対して、いかに対処できるかという点である。もちろん、「確定した過去」、「この点だけは事実だ」ということがないわけではないし、歴史学とは、史料批判を行って、こうした歴史的事実に少しでも近づき、広く共有することを目指した学問である。歴史系博物館の展示は、史料批判を経た資料から過去を読み解いて、それを並べることで、ある歴史像を示すと言う点では歴史学の研究方法と変わりは無い。その意味では、実証に裏付けられた展示をすることが大原則ではあるが、膨大な資料の中からほんの僅かの資料を選択して、ある順番に並べる過程で、「切り取った過去」ということになってしまうことは否めない。展示したもののだけでは、十分に歴史を可視化することはできない、これも周知のことに属する。写真や映像に写っていることは事実ではないか、とも考えられがちだが、映像を撮った人の目や感性に規定されており、ある方向から切り取った像にすぎないのである。全体ではないのである。ここでも、戦争について言うと、そもそも「事実」とは何かが鋭く問われており、このことは、たとえば大岡昇平が何度も何度も繰り返し、『レイテ戦記』に手を入れ続けざるをえなかったことを想起すれば理解できる。[31] 一つの史料、一つの証言で、「事実」が異なってしまう可能性があるのである。さらに、現代の戦争では、攻撃する側が記録し、見せる映像からは、被弾した人びとの「現実」は見えなくなっている。否、映像に映っていないから、というだけではなく、むしろこうした映像は隠される、といったほうがよいかもしれない。この点では、戦争博物館のなかで展示されていないことは何か、ということに注目する必要がある。

実は、戦争に関わる展示をしている歴史系博物館あるいは資料館は、靖国神社境内にある遊就館や、昭和館・しょうけい館（戦傷病者史料館）・平和祈念展示資料館などのほか、空襲の被害を受けたところを中心に、自治体がつくったものだけでも三〇以上存在している。[32] ほとんどのところで、戦争の悲惨さと「平和の意義」が「説かれて」おり、「平和」が「祈念」されている。こうした戦争に関する博物館の多くが、戦争は嫌だ、日本国民は平和を求めている、という国民意識[33]を醸成してきたという点で大きな役割を果たしてきたことはたしかだと思われる。しかし、展示で欠落している、あるいは十分に説明されていないものは何か。空襲の被害については詳しく描かれ、その郷土の兵士の遺品や戦争中の「銃後」の人びとの苦しい生活に関わる日常品なども展示されるが、実は戦争がなぜ始まったのか、についての説明が十分ではないところの方が多い。

この点での論証は難しいとしても、パネルの中には、戦争は、誰かが始めたものではなく、自然に「起こった」ものであるとしか読めないものも多い。また、郷土の兵士がどこで戦ったのかは記されていても、兵士と関わったその地域で暮らしていた人びとについての記述はほとんどない。郷里に帰ってきた兵士たちが、自分の「加害」については語らないということとも関わって（兵士による加害についての「忘却」）、自分たちは被害者で、自分たちにかかわりのある人びとが他方で「加害」に関わっているのだということは忘れられてしまうことになる。(34)

このように、たとえば、戦争について考えるならば、展示で示されていないところにこそ、戦争を経験していない人びとが知っておくべき点があるのだが、展示されるべきものがどのようなもので、そのうち何が欠けているのか、を見極めることは極めて難しい。後述するように、展示されている「モノ資料」と向き合って、その資料から読み取れることを自分の力で考えるというトレーニングを繰り返すしかないように思われる。その意味では、博物館こそ、来館者と、「モノ資料」との対話を促すアスレチックセンターでもあるのである。

また、現在の韓国・北朝鮮や台湾などを植民地としていた時期のことについても、教科書ではある程度書きこまれているのに、博物館の展示で十分に示すことができているのかというと、それも心許ない。第一次世界大戦後、一九一九年に日本の植民地支配に反対して起こった中国の五・四運動や朝鮮の三・一独立運動については、パネル一枚がぎりぎりで、関東大震災時の朝鮮人虐殺に関わる展示をしている博物館は日本でいくつあるだろうか。(35) 歴史認識を異にする国民間で、「事実」を共有することがいかに難しいかについては、日中韓三カ国の間で未だに共通の歴史教科書が学校教育の現場で利用されているとはいえないことから考えても明らかである。(36) 歴史を展示するときに難しいのは、厳密な史料批判を経て展示する「モノ」そのものは、かつてたしかにつくられたという意味で「事実」

であっても、何を、どのように、並べるのかということになると、どうしても並べる側、展示する側の主観（歴史観）が入ってしまうという点にある。したがって、歴史展示を「つくる」側には、歴史相対主義の陥穽に陥ることなく、歴史とどのように向き合うかが求められる。テッサ・モーリス－スズキの言葉を借りると、「歴史への真摯さ」が厳しく問われるということになり[37]、この点が少しでもおろそかになると、その歴史展示は、議論の対象たりえないということになる。展示をする側に求められる課題も大きいのである。

おわりに――結びにかえて

日本の博物館のなかでその数が約三〇〇〇館と、もっとも多いのが歴史系博物館であるが、国立・県立や県都などの市立博物館を除くと、必ずしも規模が大きくない、したがって学芸員の数も少ない歴史系博物館がそのうちの大部分を占める。しかも、財政規模の小さい市町村にとって、文化財保護法の「改訂」後に待ち構えているのは、県の「域内における文化財の保存・活用に関する総合的な施策の大綱」に基づいた「文化財保存活用地域計画」の策定とその実行である。多くの自治体では、こうした業務を遂行できるのが、ほんの少数の文化財担当者と博物館学芸員である場合も少なくない。二〇一九年に相次いで発生した規模の大きい台風や水害による自然・歴史・文化資料の被災状況が、ほとんど把握できないまま数週間が過ぎてしまったが、実は被害が大きいのは、新しく合併した自治体であったり、したがって過疎化している地域であったりしているのは偶然だろうか。人口の規模も含めた地域間格差の拡大と高齢化が進んだ地域社会では、自然災害に対しても弱いことがあらわになったと言ってもよいかもしれない。そして、被災したときには、当然のことであるが、まず人の安全と生活の確保が優先され、そのときには文化財担当者も博物館学芸員も総動員される。被災した「文化財」のことを案じつつも、そこに目を向けることができるのは住民の生活が回復してからであり、そのときには、たとえば江戸時代の史料などは、水を吸って張り付いたり、カビが発生したりして、その後の処理が困難なものも少なくない。日本では、いまなお江戸時代以来の地域に関わる貴重な文献資料を、かつて村役人などを務めた家で所蔵している場合が多く、自治体史編さんで調査をしたのちも、元の所蔵者が保管し続けることの方が一般的であり、こうした文献資料は、この半世紀の世代交代と地域社会の衰退の影響で、大きくその数を減らしているものと考えられている。こうした、自然災害に弱く、放置すれば早晩喪失する可能性の高い資料群をどうすれば、未来世代に引き継ぐことができるのか。

このことは、文献資料だけに留まらないと言うべきかもしれない。広島や長崎で被爆した方たちがもういなくなろうとしている。戦闘や戦争中の生活を経験した方も九〇歳になろうとしている。在日朝鮮人でも戦前の体験はもちろん、たとえば一九五九年からの「帰国事業」についても、その経験を語ることのできる方は減っている。直接に語り継ぐことのできる人がいなくなるというなかで、その証言を映像記録などに残そうという動きはたしかにあるし、こうした事業はきわめて重要であるが、これからこうした経験を語り継ぐ役割は、直接に経験したことのない世代にバトンタッチされることになる。語り継ぐべき記憶の在り方や「形態」も、記憶の継承者も変化することになる。伝えるメディア自体も映画や小説からインターネット・ソーシャルメディアへと大きく変化した[38]。一方では、個人的な経験をも含む個人の記憶（自分自身の記憶）の記録の在り方が変化すると同時に、大量の無署名の「記憶」が交錯することになったのであり、このようにメタデータ化された記憶を誰が（主体として）どのように、継承するかという課題も鋭く突きつけられている。

また、第二次世界大戦後の生活、高度経済成長の時代についても、現在に近づけば近づくほど、その生活を示す「モノ資料」は急速になくなりつつある。というか、何を選んで残すのかという点では、公文書でさえその継承の規準やそのための人員は決して十分ではなく、現代史を専門にする学芸員の数もまだ極めて少ない。大量生産、大量消費の時代は大量破棄の時代でもある。現代のどのような資料をどのように残すのか、真剣に考えるべき時期に来ている。現代史の研究者が、在職中に収集した歴史的文献資料や聞きとり資料をどのように継承するかで悩んでいるという話には事欠かない。大学の図書館でも公立の博物館・図書館でも、場所と人手の慢性的な不足のために、引き取ることすらできず、研究上で重要な資料でさえ、どうなるのかわからないのである。

このような課題は、実は現在の博物館が抱えている課題のほんの一部分にすぎない。わたし自身も、記憶の問題について、掘り下げて考えることはできておらず、ジョン・ダワーのいうところの「忘却のしかた」と「記憶のしかた」との整理も十分ではない[39]。今は、歴史系の博物館は、どのようにしてこのような問題を解決できるのだろうか、解決する方向を示すことができるのだろうか、を自問自答するしかない。

しかし、地域社会に残された膨大な歴史・文化資料を可能な限り調査し、記録化したうえで保存することで、その全体像を把握すること、未来世代がそれこそ新しい歴史を創生するために過去の歴史と正面から向き合い歴史と対話することができるような場をつくること、価値観や文化を異にする人びとの間で、同じ「資料」を見ながら自由で対等に議論する場を設けることが、今のわたしに見えている、これからの歴史系博物館の喫緊の課題である。そして、これは大学や行政とも連携しながらではあるが、こうしたことに関わる人を育てることも、その働く場を提供することも重要な課題である(40)。同時に、それはこれからの博物館の可能性でもあると信じている。

注

(1) 久留島浩「コメント2」平川新・佐藤大介編『東アジア研究センター報告三号　歴史遺産を未来へ』(東北大学東北アジア研究センター、二〇一一年　久留島a)、久留島浩「地域社会の歴史・文化資料を自分たちのものに」『文化財の虫菌害』第六三号(二〇一二年　久留島b)、久留島浩「博物館における歴史展示の可能性―歴史的共感能力を鍛えるために―」『第16回日韓歴史家会議報告書　現代社会と歴史学』(公益財団法人日韓文化交流基金、二〇一七年　久留島c)、久留島浩「「日独修好150年の歴史」の展示で考えたこと―負の歴史を展示するということ―」久留島浩・荒川章二・大久保純一・原山浩介・福岡万里子編『戦争をめぐるパブリックヒストリー―ドイツ・日本　歴史博物館の対話―』(国立歴史民俗博物館、二〇一七年　久留島d)、久留島浩「地域社会の歴史・文化・自然資源を自分たちのものに」『文化財防災ネットワーク推進事業　地域の文化財防災に関する研究集会報告集Ⅰ　第4回全国史料ネット研究交流集会』(独立行政法人国立文化財機構　文化財防災ネットワーク推進室、二〇一八年　久留島e)、久留島浩

「博物館における歴史展示の可能性―歴史的共感能力を鍛えるために―」『ヒストリア』二七七号（大阪歴史学会、二〇一九年一二月　久留島f）など。

（2）　この点については、岩崎奈緒子「歴史と文化の危機―文化財保護法の『改正』」（『歴史学研究』二〇一九年三月）を参照。岩﨑の言うとおり、この動きは、一九九〇年代のバブル崩壊に始まり、小泉政権、第二次安倍政権へと引き継がれている。その意味では、日本の社会経済構造の変化（低成長の時代、そして慢性的な公財政の緊縮）が始まることに端を発した、約三〇年にも及ぶ、長期的な「国家」的経済戦略である点に留意しておく必要がある。そして、小泉政権期には「新自由主義」を一方の「理論」的裏付け（こじつけ）にしながら、公務員減らし政策としか考えられない、国立大学法人化（二〇〇四年）が断行された。その後のことは、周知のように、地方国立大学における研究・教育機能の低下が進み、地方の教育・文化を支えてきた人材育成を大きく後退させたことと相まって、後述するように、地域社会の歴史や文化が担い手とともに失われる状況を現出したのである。

（3）　註（1）久留島c・f

（4）　http://www.mext.go.jp/b_menu/shingi/chukyo/chukyo4/siryo/__icsFiles/afieldfile/2018/10/12/1410146_1.pdf

（5）　http://www.mext.go.jp/b_menu/shingi/chukyo/chukyo0/toushin/1411360.htm

（6）　https://www.j-muse.or.jp/02program/pdf/UNESCO_RECOMMENDATION_JPN.pdf

（7）　前掲注（2）岩﨑論文、「大半の市町村に、美術工芸品、建造物、無形文化財等々多岐にわたる文化財を把握し、計画を立てることのできる十分な人材が備わっていない実態が見て取れる。」

（8）　前掲註（2）岩﨑論文を参照されたい。

（9）　「地域の歴史文化遺産と向き合う」久留島、『千葉日報』ちばオピニオン、二〇一七年二月五日）。なお、予算が保証される年限が四年間、最長でも二〇二〇年までと限られ、しかも毎年ほぼ半減していく仕組みであることは当初からわかっていても、長期的でそのあと「自走」しつづけることができるような方針を、どのくらいの「日本遺産」設定地域でできているのだろうか。すでに、関係した人びとのなかで、一〇年後には、「日本遺産認定の地だった」という記念碑あるいは、修復されない（内容が更新されない）案内板が立っているのではないか、というブラックジョークが生まれ始めている。

(10) https://hokuso-4cities.com/

(11) 以下の叙述は拙稿「あらためて「自治体史編さん」について思うこと―千葉県史料研究財団近世史部会の経験から―」『千葉県史研究』第一七号（千葉県、二〇〇九年）と重なっているが、読まれる機会もほとんどないので、ここに再録した。

(12) http://chibasiryounet.blog.fc2.com/

(13) 宮間純一「千葉県文書館収蔵公文書の廃棄・移動をめぐる問題に関する報告」（『アーカイブズ学研究』26、二〇一七年）、宮間純一「歴史研究者からみた千葉県文書館問題―何を未来へ伝えるべきなのか―」（『歴史評論』813、二〇一八年）。

(14) 註（9）に同じ。

(15) この点では、註（6）前掲ユネスコの「勧告」のなかでは一般論として、ミュージアムが経済的役割を果たすべきだということにとどまらず、地域に残されている自然・歴史・文化資料を調査・把握し、博物館などを含む文化施設や文化資源の持つ経済的効果は否定できないとする。しかし、その場合も、文化を享受するという意味で「消費する」ことはすべての人に公平に開かれていなければならないということが前提である。

(16) 関連する書籍は、奥村弘編『歴史文化を大災害から守る　地域歴史資料学の構築』（東京大学出版会、二〇一四年）、北原糸子『津波災害と近代日本』（吉川弘文館、二〇一四年）、平川新・佐藤大介編『東アジア研究センター報告3号　歴史遺産を未来へ』（東北大学東北アジア研究センター、二〇一一年）他、枚挙にいとまがない。歴史資料ネットワーク：http://siryo-net.jp/　宮城歴史資料保全ネットワーク：http://miyagi-shiryounet.org/

(17) 写真の救済については、各地の「史料ネット」などで対処法についてネット上で紹介している。たとえば、歴史資料ネットワーク「資料の修復方法」(http://siryo-net.jp/資料の修復方法)、広島県立文書館「土砂災害で被災したアルバム・写真への対処法（手引き）」(https://www.pref.hiroshima.lg.jp)。

(18) 地域に残る歴史資料の救出と保全・保存、さらに復旧のなかで、被災した様々な資料（「被災資料」）と「災害後に発生して被災の実態や復興過程を物語る資料全般」（「災害資料」）とが共に重要であることについては、白井哲也『災害アーカイヴ―資料の救出から地域への還元まで―』（東京堂出版、二〇一九年）ならびに註（16）奥村編著書を参照。

(19) 自治体史編さん事業も、事業が終了すると、借用して調査した資料が所蔵者に返される場合も少なくない。実は、ある県文書館の調査によると三〇年前にたしかにあった資料の半分近くが所在不明になっているという。

(20) たとえば、二〇一二年には全国歴史民俗系博物館協議会が設立された。その設立趣意書のなかで「有形無形の文化資源の保存と活用に努めるという共通の目的を持つ博物館に幅広くご参加いただき、相互の交流と連携をはかることによって、歴史・文化がそれぞれの地域社会の基盤として不可欠であるという理念と、その実践の貫徹を目指していきたい」と述べられている。

(21) 震災遺産・震災資料の位置付けをめぐっては、東日本大震災で地震・津波の被害を受けただけでなく、原発事故による被害を受けて、現在も町域に戻ることができない（ところを持つ）自治体での動きから、学ぶことができることは少なくない。少なくとも、さしあたり、以下の三点が重要ではないか。（a）「当たり前の」モノが残されることの意味、すなわち文化財指定もされていない「モノ」資料に、被災したことによって、新たな現代史的意義が付されることの積極的意味についてである。（b）町に戻ることのできない人びとにとっての町の歴史とは何か、どのようにその歴史を伝え続けるか、ということである。（c）残すべき（救うべき）「文化財」は誰のものか？ 誰が、なぜ、文化財とするのか？ である。この点では、前掲註（18）の白井著書を参照。

（22） ここで、あらためて、国立歴史民俗博物館の初代館長であった井上光貞の言葉を想起したい。井上は、「歴史は地域と深く結びついており、ものをその地域からひきはなすと価値を半減してしまう」とし、地域でつくられ、地域で使われ、地域で残されてきたものを地域からひきはなさないことに留意した。二〇一一年三月一一日の東日本大震災で失われた地域の文化資源が、地域の復興にとっていかに重要な意味を持っているのかということを考えると、きわめて重要な視点だったわけである。地域にとって重要な歴史資源は地域に残し、調査と研究に基づいた精巧な「レプリカ」を作成するという現在の歴博の展示方法につながる。同時に、井上がもう一つ重視していたことは、全国の資料収蔵機関の資料データが総合に利用できるようなシステムを構築すること（「歴史・考古・民俗の資料の全国的、かつ系統的なインデックスを作ること」）で、どこに資料が所蔵されていようとも、だれもがその史料にアクセスできるようにすることの必要性についてである。コンピューター技術・デジタル技術・ビッグデータ作成方法が飛躍的に進みつつある現在、こうした技術を、自らの地域社会を人間らしくまもるためには、こうした地域社会の課題やそれを解決するための博物館・大学の機能強化を視野に入れた人文情報学の中身を豊かにすることが必要だと考える。

（23） https://www.mofa.go.jp/mofaj/gaiko/oda/sdgs/about/index.html

（24） https://www.mofa.go.jp/mofaj/gaiko/oda/doukou/mdgs.html

（25） 「〇〇ファースト」のなかでは、自国民の生産や生活さえよければよいという主張が明確である。そして、「SDG's」のなかには、傾聴すべき目標も少なくないが、少なくとも、日本で進められている政策のなかでは、都合のよいところだけが使われているとしか思われない。前項との関わりで言うと、「住み続けられるまちづくり」も目標に挙げられているが、都合よく使われていることには変わりない。なお、斎藤幸平編『資本主義の終わりか、人間の終焉か？　未来への大分岐』（集英社、二〇一九年）を参照した。
（26）註（1）久留島cでこのときの内容を紹介している。
（27）二〇一七年の三月ごろに、新聞紙上を賑わせた山本幸三地方創生大臣の発言。三月九日の第一九三回国会の内閣委員会では、以下の様な発言が記録されている。「ロンドン・オリンピックのときに観光を盛り上げるという意味で成功したと言われているのが、文化プログラムをつくって、ロンドンのみならずイギリス全体の美術館、博物館を観光客のために大改革をしたんですね。例えば、大英博物館の中の壁を取っ払って、真ん中に人が集まるところをつくって、そこからいろんな部門に行くというように全部やり替えました。そのときに一番抵抗したのが学芸員でありまして、そのときは観光マインドがない学芸員は全部首にしたというんですね。それぐらいの取組をやって、その後、ロンドンにまさに大英博物館を始め大変な観光客が継続して続くようになりまして、オリンピック終わってもにぎやかさを保っているというようなことであります。」。明らかに、第1章第一節の文化経済戦略を踏まえての発言である。このような発言に対しては、多くの学芸員をはじめとする博物館関係者から抗議が表明され、山本氏は発言を撤回したが、賛同者もいたようで、「かなり正しい指摘」だとして持ち上げ「ろくでもない歴史学者の業績展示とその系統に属する弟子たちの職場確保のためだけの美術館・博物館がいかに多いかは事実」とか「美術館や博物館、それに所蔵物は一〇年ごとに見直して、原則二〇年で全面リニューアルか廃止にしてはどうか」という、いかにも経産省出身の元官僚らしい発言もインターネット上では見られた。
（28）註（1）久留島c、d
（29）Arnulf Scriba「今日のドイツに於いて第一次世界大戦を展示すること—軍事史展示から精神性・日常性・占領の展示へ—」（『戦争をめぐるパブリックヒストリー—ドイツ・日本　歴史博物館の対話—』国立歴史民俗博物館、二〇一七年）

(30) 君塚仁彦「「異文化」とされる側の記憶と表象　在日朝鮮人と博物館運動」(『国立歴史民俗博物館研究報告』第一四〇集、二〇〇八年) 参照。この点では君塚が同論文で紹介している「在日韓人歴史資料館」の展示が参考になる。また、佐賀県立名護屋城博物館も秀吉の朝鮮侵略も含め、近現代の日本列島と朝鮮半島との歴史的関係についてもていねいに展示している。

(31) 湯川豊『大岡昇平の時代』河出書房新社、二〇一九年を参照。

(32) [記憶と表現] 研究会編『訪ねてみよう　戦争を学ぶミュージアム/メモリアル』岩波ジュニア新書、二〇〇五年。なお、この他民族、他国への加害などのような「負の歴史」が「忘却」されがちであるという点に関して言うと、ドイツでは、「負の歴史」を伴なった「過去の克服」が、「忘却」を求める声とたたかいながら進められ続けていることと比べてみる必要がある。この点は、石田勇治『過去の克服―ヒトラー後のドイツ―』(白水社、二〇一四年復刊版) を参照されたい。

(33) コッホ氏によると、「自己理解」と同義 (Alexander Koch「ドイツと日本における現代史の展示―共通の歴史・共通の記憶―」(『戦争をめぐるパブリックヒストリー―ドイツ・日本　歴史博物館の対話―』国立歴史民俗博物館、二〇一七年)。自己を納得させる論理によって自らの責任がいつの間にか「昇華」するというもので、ここでは戦争で悲惨な体験をしたという自己理解がそのまま「平和を希求する」国民であるという自己認識になっているのだという。

(34) 自治体史を編さんしているところなどでは、兵士など戦争経験者の聞き取りを行っているところもあり、その記憶をなんとか継承しようとはしているが、このような聞き取り (個人の証言) はまだ十分に展示に活かされてはいない。なお、島本慈子『戦争で死ぬ、ということ』岩波新書、二〇〇六年も参照。

(35) 現在の国立歴史民俗博物館の第五展示室では、関東大震災時の中国人と無政府主義者の殺害については、タッチパネルを開くとその解説を読むことができる。「在日朝鮮人」という存在がいつから、なぜ始まったのか、についてもそこでは示されている。しかし、これが現在の日本の歴史系博物館の「限界」ではないか。

(36) 日中韓の研究者の努力によって『未来をひらく歴史』(高文研、二〇〇五年)、『新しい東アジアの近現代史』(上・下)(日本評論社、二〇一二年)などの成果があるが、実際にどのように活用されているかについては、わたしは詳細を知らない。
(37) テッサ・モーリス-スズキ『過去は死なない　メディア・記憶・歴史』岩波書店、二〇〇四年
(38) キャロル・グラック『戦争の記憶』講談社現代新書、二〇一九年
(39) ジョン・W・ダワー『忘却のしかた　記憶のしかた　日本・アメリカ・戦争』岩波書店、二〇一三年
(40) 大学博物館についての現状と課題については、安高啓明『歴史のなかのミュージアム―驚異の部屋から大学博物館まで―』(昭和堂、二〇一四年)を参照されたい。

学芸員は大忙し！　でも大事なことってなぁに？

第三章　学芸員の現在と未来

國賀　由美子

はじめに——学芸員という仕事について

博物館法（昭和二七・三・一施行）第四条には、学芸員について「博物館に、専門的職員として学芸員を置く。学芸員は、博物館資料の収集、保管、展示及び調査研究その他これと関連する事業についての専門的事項をつかさどる」と規定している。これは学芸員の任務、本分として、地方自治体など学芸員を雇用する側にも当然周知されていると思いたいところだが、実際には少し異なるのが現状だ。公立博物館の八〇％が、学芸系職員を「研究職」ではなく「行政職」に位置付けていることもその要因かもしれない。

ひとつの例として、二〇〇三年一一月の第一刷から、半年たたない二〇〇四年三月に第二〇刷を記録したという大ベストセラー、村上龍著『13歳のハローワーク』（幻冬舎）には、キュレーターについて以下のようにある。

展覧会の企画が主な仕事だが、開催までのすべてを取り仕切ることも。大きく分けると、美術館や博物館に学芸員として所属する場合とフリーランスの二通りがある（学芸員は資格職）。フリーの場合も、まずは展覧会やイベントの企画会社や企業の文化事業部などで経験を積むのが一般的。芸術に関する知識だけではなく、美術品を借りる交渉をしたりフリーの場合は主催する企業や美術館に企画を持ち込むので、語学力や企画力なども必要とされる。また作家を説得したり企画の資金を調達するときに、交渉能力を求められる。今までの美術館では作品の記録・管理、教育普及面の仕事など、ありとあらゆることがキュレーターの仕事だったが、九〇年代以降に計画された美術館では、欧米型の分業化が進んでいるようだ。

ここでは、欧米のキュレーターと日本の学芸員の差異については語られていないが、日本では、フリーランスのキュレーターが活躍する場はいたって僅少といえるだろう。しかし筆者がここで問題にしたいのはこのことでない（実は本論の趣旨には大きく関わるのだが）。ここに言うキュレーターとは学芸員の英訳とみてまず間違いなさそうである。学芸員は、企画のみならず、展覧会については開催までどころか、終了して所蔵者に返却するまでのすべてに責任を持ち、取り仕切る。つまり学芸員の仕事は、モノに始まりモノに終わることにほかならない。

モノとは博物館や美術館でいう収蔵品であり、寺社では宝物、個人の愛蔵品もそうである。これらが展覧会を開催するときの出品物（展示品）となる。つまり別の言い方をすると、現代アートや地域の民具なども含めて、広い意味での文化財をいうのである。学芸員のフィールドはモノが存在する現場であり、学芸員はこの、モノに責任を持つ。展覧会を企画開催し、今の世の観覧者にモノとの出会いの場を提供し、終了すると無事にモノを本来の居場所に戻す。こうしてモノを次世代につないでゆくことができるのは、学芸員はモノに責任を持つからである。

博物館法に謳われている学芸員の仕事の内容についての大切な観点、展示（展覧会開催）のみならず収集や保管、そのためにも必要な調査研究や、これらの前提であるモノについての知識や扱いに習熟することが、このベストセラーでも抜け落ちていることがわかる。世に日本の学芸員の仕事が理解されていない現実は否めない。

筆者は日本絵画史を専門分野とし、長い年月美術館の学芸員として勤務し、この間大学に出講して博物館実習の授業にも関与してきた。三年前からは美術館より別の大学に移り、専門分野に加えて学芸員養成課程の数々の授業を担当しながら、大学博物館の運営にもたずさわっている。これらの経験のなかで、本著のテーマ、博物館や文化財の危機を、特にこの五年間くらいだろうか、日々実感せずにはおられない。

博物館（美術館）と大学、ふたつの現場の実態を訴えるだけの文章と解されるかもしれないが、これら現場の実状から乖離した博物館や文化財、あるいは学芸員に関する施策の方向性こそ、危機的状況を招いていると認識している。現場を踏まえることこそ、この危機を回避する有益な手段をみつけるいとぐちとなりえるはずである。モノとヒト（観覧者、学芸員、館を支える様々な職種の人たち、そして学芸員になろうとしている学生たち etc.）が存在する現場を中心に、博物館と文化財の危機的状況について考えてみたい。

一　現場の事例（1）――公立美術館のヒト、モノ、ハコ

ひとくちに公立美術館といっても、その歴史は様々である。戦前の公立館は東京府美術館（一九二六年）と、大礼記念京都美術館（一九三三年）、大阪市立美術館（一九三六年）の三館であり、第二次世界大戦後、神奈川県立近代美術館（一九五一年）が県立美術館第一号として創設された。その後一九六五～六九年の明治一〇〇年、県政一〇〇年を契機とする第一次博物館設立ブームを経て、一九七五年～九〇年代初めを中心に、バブル経済と言われる社会の好景気を背景に公立美術館の建設が相次ぎ、第二次博物館設立ブームとされほぼ一県一館状況となった。そして現在、これらの館は開館三〇周年を迎えて、施設の老朽化に悩み、改修改築の問題を抱え、ともすれば今後はこれらが淘汰される時代になるか、と懸念されている。そしてこの影響が、館が抱えるヒトにもモノにも、ハコ（建物・設備）にも及んでいるのが現状である。

まずヒトに関していうと、公立美術館建設ラッシュの時代、当時二〇代後半から三〇代であった団塊の世代――一九四七年（昭和二二）～一九四九年（昭和二四）生まれ――を中心とする人々が、これからを担う学芸員として多く採用された。だが創設時に多くの人材を採用した後は、バブル経済の崩壊、あるいは行政改革の影響もあって人材の拡充が行われることはまれであり、退職者か、大学や他館への転出者があった時の欠員補充という形で、どの公立館も細々と時折の採用人事を行ってきたと

いうのが実情である。そして一〇年ほど前から、これらの人たちが順次六〇歳の定年を迎えた。世の中は不況の度合いを日に日に深刻にしている。定年を迎えた退職者と同じ数の新規採用を行うところばかりではなかった。

一方で退職者は、再雇用システムによる雇用延長によって元の公立館に、勤務日数は少なくしてあと数年（最大五年）継続して勤める、という人の割合も高くなった。このことが、新たな採用を行わない傾向に拍車をかけた。学芸員の実質的な定数減、すなわち益々の人手不足を招くのみならず、他の職種にも多く事例があろうが、元の上司が部下となることも茶飯事であり、職場の健全な空気を保ちにくい状況も呼び起こしている。

学芸員の仕事は、経験を積めば積むほど、充実できる面も多々ある。これまでより安価な賃金で経験豊富な学芸員を雇用できるのは、雇用者側にとって悪いことではない。しかしこれが、新たな採用を行わない、つまり若い世代の学芸員が正規雇用されない空洞化の傾向に及んでいる。再雇用者は、少ない勤務日数であっても学芸員の定数に算入され、定年退職者があっても欠員は生じないことになる。これによって、学芸員を構成する年齢のバランスが大きく崩れ、学芸員の育成システムが立ち行かなくなってきた。

構成員の年齢をバランスよく配置することが組織に在って重要なことは、学芸員も然りである。博物館法的に言うと、これまでには経験を積んだ学芸員が、美術品の収集、保管、展示及び調査研究その他これと関連する事業についての専門的事項について、若い世代に伝授するシステムが、暗黙のうちにもあった。モノの取り扱いから、所蔵者への出品の依頼の仕方、そしてこれらの根源にあるモノに対する考え方を、年長者が若い世代に身をもって伝え、若い世代は先輩の背中から多くのことを学んでいたのである。

館の構成学芸員の世代バランスに偏りがあると、この伝授機能がうまくたちゆかない。展覧会の場合は所有者との良好な関係があればこそで、信頼を得て、開催への道筋に繋げていくことができるが、いかんせん各局面での対処の仕方を学ぶ模範とすべき年長者が存在しない館も多くなっている。まさに対処はケースバイケースであり、マニュアルを作成して伝授がかなうといった性質のものではない。学芸員に限ったことではないが、正規採用がなされない若い世代は、仕事に対するモーチベーションが下がっているのも大きな問題である。

自治体など、つまり公務員の場合、採用側の責任者（事務官）は三年程度で配置転換があり、すべてがそうではないであろうが在任中の当面のことだけを考えがちだ。中長期先にまでなかなか目線が及ばない。しかし五年後、一〇年後、そして二〇年後に、組織の人員構成はどうなっているのか。今の構成員の年齢から予測できる問題点は多く浮かび上がるだろう。新たな採用ができるとなった時に、専門分野に加えて年齢バランスのことも考慮し、場合によっては経験者採用なども視野に入れ、どの世代の学芸員にどんなポジションとして加わってもらうのが最良か、採用者側は組織の長期展望のもとに意を固めなければならない。軌道修正は早ければ早いほど良い。手間のかかる採用人事も厭わないことが肝要と思われる。学芸員の仕事は職人技能的な側面も持つ。モノが存在する現場は、それを扱いこなせるヒトが存在する現場でもある。高齢層が培ってきた力を生かしながら、若い世代もモーチベーションを保ちながら誇りをもって取り組める、そのような仕組みをつくることこそ当面の課題といえよう。

次に、モノについて見ると、文化財の危機に直結する多種多様な局面において、必要性に迫る課題として、修理修復の問題が挙げられる。

各館の修理修復に充当する予算は年々減少の一路をたどり、少し大げさに言うと、展示に供するためには修復を必要とする作品が群れを成して待っている状況である。良いコンディションを保てる収蔵庫のない多くの寺社や個人持ちの作品については、ただ指をくわえて劣化の進行を見ているしかない。盗難の危険にもさらされている。国宝、重要文化財の修理であっても、国や県の補助金だけでは賄いきれず、所有者の負担も免れない。ましてや未指定品に在っては、所有者が全てを担わなければならない。修理の経費もますます高騰し、手を付けられない窮状にある。

たとえば、屏風一隻を修理するのに(1)経費はどのくらいかかるのだろうか。答えは非常にざっくばらんな言い方になるが、軽く一〇〇万円は超えてしまう。だが、現今修理の予算を年間一〇〇万円以上保持している館は、果たしてどのくらいあるのだろうか。国や一部の私立の館を除けば、僅少と言わざるをえない(2)。

では、なぜ屏風一隻の修理に一〇〇万円以上もかかるのか。「私の知っている近所の表具屋さんに頼めばどうか。もっと安くやってくれる」と公立館にその自治体の議員さんが訴えてきた、という笑えない話もある。学芸員の仕事内容以上に、文化財修理について、一般の人々にはまだまだ知られていないのが実情である。

ここで文化財修理の理念と実践について細やかに語る余裕はないが、いずれ必ずやってくる再修理のために可逆性を重視し、現状維持を旨とする修理を行わなければならない。元に戻せないような素材を使ったり、損傷を隠すような修理をしてはならない。物理的にも視覚的にも本紙にストレスを与えない、より安全な修理が目標とされる。このためには修理技術の伝承と更新はもちろんのこと、材料と道具の吟味・確保は怠れない。修理者は素性が明らかかつ安全な修理材料を選択し、的確な技術と倫理をもって修理を行う責務がある。粗悪な材料で大量生産された和紙、古来の糊に代わって生産性を高めるために開発された化学的な材料の接着剤、アイロンプレスなど短期間で仕上がる機械式の表装などは、将来の再修理の際に作品を安全に本来の姿に戻す「可逆性」は保証されない。修理のつもりが文化財破壊につながってしまう(3)。

修理技術者は日々、モノによってそれぞれに異なる最適な補修紙を探し続けているという。修理すべきモノの本紙と物理的強度や質感の似た復元的な補修紙のために、専門機関を交えた紙の繊維調査を行い、これによって手漉き紙職人に特注したり、修理技術者自らが紙を漉くことが行われ、素性の明らかさを保っている。しかし紙を漉く職人の後継問題は深刻である。絵の具の定着や剝落止め、墨の製造などにも使われる膠《にかわ》も、とくに高級なものとして修理や日本画に利用される鹿膠は、技術の継承が叶わずに枯渇寸前だという(4)。

修理修復に関する予算が年々減少する傾向は、劣悪な修理が増え、文化財修理が衰退してゆくことにつながりかねない。文化財修理が衰退すると、修理技術そのものが停滞するだけではなく、修理を支える材料づくりの技術も継承されなくなってしまう。先述の紙や膠がその例だが、文化財修理に必要な材料と道具の需要が少なくなると、その材料や道具をつくる技術の需要も少なくなり、技術者がいなくなるという、恐ろしい現実が眼前にまで迫っている。

みてきたように、文化財修理に関わる経費は、材料費、人件費双方決して安価なものではない。修理期間に相当な日時も必要とする。なかなか単年度予算である公立館の、一般財源による予算では賄いきれないのが現状である。この状況下で文化財修理を遂行するために、さまざまな資金助成も行われている(5)。しかし先述したように修理待ちの作品が目白押しの事態であるため、どの助成もなかなか厳しい高倍率である。また助成によっては何割かの所有者負担も課せられ、このために修理が実現しないケースもある。だが、単年度予算で屛風一隻を修理する資金もつかない公立館にとっては、助成はまたとない有難い修理実現のチャンスである。「当たって砕けろ」と応募し、砕け続ける現実だが、たまには当たることもあり、私の経験でも助成金を経て、それまで年間予算では修理がかなわず展示できないまま数年を経ていた、県内から寄贈を受けた襖絵四枚表裏八面を、修理したうえで襖八枚に改装することができた。これで八面を同時に展示することがかなうようになり、修理と同時に県指定文化財ともなった。

修理は、それぞれの文化財に対する先人の思いを知ると同時に、後世の人にこの修理をほどこすことにより何を伝えたいのか、次世代に無事に手渡すことはどんな意味を持つか、を考える契機ともなる。日本の脆弱な文化財は何度も何度もの修理を経てきたからこそ、今に残り、未来につなぐことができるのである。修理の大切さを知り、技術者たちとともに、次の世代へ思いをつなぐことが、文化財の危機回避に最も有効であると信じている。

最後にハコであるが、開館三〇周年を過ぎ、施設の老朽化に悩み、改修改築の問題を抱える館が多くなってきた。あいにくの資金不足で抜本的なことは望めず、とにかく必要最低限の改修を施す館、騙し騙し経験値で旧い設備を繰って保持している館など、それぞれが苦慮を抱えながら日々対処している。ハコとして大切なことは、様々な心身の状況にあるヒトを安全に迎え、安全にモノを見て楽しんでもらい、そして安全にモノを後世に伝えることができる施設であることだ。これを礎に、館の存在意義を見つめ直し、今を生きる館として、どのような立ち位置を執るかをよく検討したうえで、そのあるべきハコの姿を目指すことである。中長期計画にもとづく各館独自の展望をもち、ヒトとモノの動線を重視し、ユニバーサルデザイン・バリアフリーを十分に検討して、安全に保存と公開できる施設であることが鉄則である。その際にはランニングコストを検討することも忘れてはならない。

一九七三年に定められた文部省（当時）による「公立博物館の設置及び運営に関する基準」では、第四条に都道府県および政令指定都市の設置する博物館に必要な施設及び設備が列挙され、延床面積も提示されていた。しかし同基準に関する二〇〇三年の改定、告示では、具体的な例や数字が明示されなくなった。ことに一般来館者が利用できないエリアとなるバックヤードについてであるが、博物館の事業を支える主要な活動はここで行われる、いわば博物館の心臓部であり、その規制緩和は慎重に検討した結果でなくてはならないと考える(6)。

先にヒトとモノの動線と記したが、ここにいうヒトは一般来館者をさす。モノの動線には収蔵庫から展示室に、外に貸し出すために搬入口のトラックに、外から借用して来て搬入口のトラックから降ろし展示室や収蔵庫に、といった移動が想定される。ヒトとモノの動線は重なってはならない。重なればモノに関する作業が来館者と場を一にするわけで、来館者とモノの双方を危険にさらすことになり、少なくとも開館時間中はモノに関する作業を行えないことになる。近年に竣工した館でも、来館者の通行が可能なエリアに作品用のエレベーターがあって驚いたことがある。地域住民に開かれた館が望ましいのは当然であるが、心臓部が不特定多数の人目にさらされるようでは、空気環境はもちろん、防災防犯上も危険極まりない。学芸員はさぞや心労が大きいと慮る。

たとえば、搬入口ひとつを例にとっても、バックから入れるのにドライバーがハンドルをきりにくい、天井高が低い、トラックのドアを開けたらシャッター一枚隔てるだけで外気に触れるなど、近年の施工でもモノの保全に望ましいとは言いにくい、使いづらそうな設備が気になる事例がある。当然立地の条件は様々であり、また予算には限りがあるので、施行の一つ一つにどこをとり、どこを諦めるかという判断が問われるわけだが、これらは学芸員の苦悩が心配される施設と言わざるをえない。建物の目新しさ、話題性の追求にはしり、現場の声を生かしたハコつくりが行われなかったために、結果としてモノの保全のスペックが低く、いざ展覧会開催に望みにかなうモノが展示できない、安全な施設と認められず借用できないという、嘆いても嘆ききれない事態となってしまう。博物館や美術館の主人公は、いうまでもなくハコではなく中身であり、これは肝に銘じておくべきである。

むろん中身のためにもハコは重要であるが、どんなハコが望ましいかは、どの側面を重視すべきかという館のアイデンティティによるだろう。(7) 博物館は社会との関係の中で存在している。社会から存在価値を認められなければならない。博物館は何のために存在するのか。博物館は何を目的に活動するのか。社会に対して何をしたいのか。その博物館の社会的役割、そしてミッションを明確にし、博物館を永続させることを前提にそのミッションを達成する努力が必要であり、ハコもこれと無縁ではない。ただ、言えることは、モノを扱うのに使い勝手が良い施設は、安全性の高い施設である。このためハコを建て替える、改修するとなった場合に、モノを扱うに望ましい現場を知る学芸員の言葉にもぜひ耳を傾けてほしいと思うのである。しかし経験を積んだと言えない若い学芸員ばかりでは不十分なこともある。一方、組織を去る寸前にある年長者ばかりの学芸員の意見では、将来を見据えきれるか心もとなくもあろう。その意味でも年齢バランスは重要である。

二　現場の事例（2）——大学という現場：学芸員養成課程の現在と未来

つぎに、これからの博物館を支え、文化財を守り伝える立場となる学芸員を養成する、大学における博物館学芸員養成課程を取り巻く現況についてみておきたい。

はじめにふれた、学芸員の職務内容を規定する博物館法は、社会教育三法の一として教育基本法のもとに一九五二年二月に施行された。つまり博物館は社会教育施設として位置付けられ、このため今日の学術的側面軽視につながったとみる意見も多勢である。以降一九回改正されているが、大きな改正は一九五五年七月の法改正のみであり、教育基本法の改正を受けた二〇〇八年の改正が、新たな条文を設けた五三年ぶりの改正であった。

この二〇〇八年の博物館法改正においても、以前からの検討課題であった博物館登録制度の在り方(8)

と、学芸員資格の在り方については、手が付けられないままに終わった。このため同法の次の改正に向けて、これらの課題の検討が継続して行われてきた。この間博物館の観光拠点化推進、地方創生や文化財活用のための文化庁の組織改革と京都移転、公立博物館におけるまちづくり行政、観光行政等との一体的取組といった、昨今の流れ[9]に危機感を感じた日本学術会議　史学委員会は、博物館・美術館等の組織運営に関する分科会を組織し、提言「21世紀の博物館・美術館のあるべき姿——博物館法の改正へ向けて[10]」を、二〇一七年七月二〇日に発表。これに先立ち同年三月、公益財団法人日本博物館協会（日博協）も報告書『博物館登録制度の在り方に関する調査研究』を出しており、二〇一八年一月二〇日には両者共催で、合同公開シンポジウム「これからの博物館の在るべき姿～博物館法をはじめとする関連法等の改正に向けて～」、また翌二〇一九年三月二〇日には「これからの博物館制度の在るべき姿～博物館法見直しの方向性をさぐる～」が、開かれた。

　学芸員資格の在り方についてみると、二〇一九年三月のシンポジウム報告で小佐野重利氏（日本学術会議会員、東京大学大学院教育学研究科特任教授）は、提言においても学芸員養成課程や学芸員資格制度の見直しにまで踏み込めていないことを反省点とし、

①　学芸員養成課程を学部カリキュラムから大学院カリキュラムへ格上げする

②　博物館法第四条を改正して、学芸員の職務内容を見直し、業務の調査研究以外に独創的な研究にも従事して地域活性化に貢献し、博物館の研究機関指定や、研究費の予算措置の必要を認める

という、学芸員を研究者として認知することこそ、分科会における今後の在るべき博物館制度へ向けての検討すべき課題として、重視すべきこととした。

学芸員を研究者として認知すること、つまり学芸員のステイタスが固まれば、研究費をはじめとする学芸員の待遇改善と相俟って、若い世代のモーチベーションも上がり、博物館にも新しい局面が訪れるかもしれない。ただし、同氏も指摘したように、博物館の現場としてはここに至るまでに様々な障壁がある。


「学芸員は学部卒でもなれるから、研究者と言えないのでは」とするアカデミア側の強い偏見もある。この偏見を打ち破るには、学芸員が研究者として活躍している実績を示す必要がある

とするが、このこともあって①も検討課題として重視したのだろう。

これらの前提として、先に述べた次の博物館法改正に向けての課題のために文部科学省が設置した「これからの博物館の在り方に関する検討協力者会議」による報告がある。[11] この中の二〇〇九年二月の「学芸員養成の充実方策について」第二次報告書では、大学における学芸員養成課程の基本的考え方として、

・博物館について知識理解を深めるのみならず、専門的職員たる学芸員としてのスタートが切れ

るだけの基本的な素養を身に付けるようにする必要がある

・したがって、大学における学芸員養成教育を〝博物館のよき理解者・支援者の養成の場〟と位置づけるのではなく、学芸員として必要な専門的な知識・技術を身に付けるための入口として位置づけることが必要である

・一方で、博物館は館種、規模、設置者等によって多様であり、現場における即戦力につながる技能の養成は、大学学部レベルでは困難である。したがって、学部では、汎用性のある基礎的な知識（＝Museum Basics）の習得を徹底する観点から、大学において修得すべき「博物館に関する科目」の内容を精選する必要がある

としている。

これにもとづき「博物館に関する科目」が改正され、学芸員資格を得るに必要な科目、単位数が七科目一二単位から九科目一九単位に増加した。また大学によっては適正ではないこれらの科目の近似科目への読み替えが行われているとして、大学への「指導の徹底」が行われることになったが、これらによって、前述の日本学術会議の提言によると、担当教員の確保等が困難なため、学芸員資格関連科目を開講する大学数が減少したという。このことが端的に示しているように、学芸員養成課程を取り巻く環境として、学芸員を目指す学生や大学のみならず、各科目の教授者、そして学生の実習の受け入れ先となる博物館の現状など、関連するあらゆる観点から多角的にさぐりながら、「学芸員養成の充実方策」を打ち立てなければならない。

さて、大学においては、上記の大学における学芸員養成課程の基本的考え方を遵守するためにも「博物館に関する科目」に係る専任教員の確保・配置に努めることが必要不可決とされた[12]。また、上記報告書ほかを受けて二〇〇九年四月には文部科学省により「博物館実習ガイドライン」が作成されたが、1、学内実習の④指導体制として、担当教員の指導可能な範囲を超える指導者が必要な場合は、現職学芸員を指導教員として招へいすることが謳われている。しかし、僅少の例外を除いて平日に行われる大学の授業に出講可能な学芸員はどれだけいるだろうか。少なくとも地方自治体直営公立館の学芸員は、公務員としての職務規定に従わなければならない。当該自治体の兼職承認を受ける必要があるが、認められない場合が多々ある。仮に出講がかなっても、公務員として多くの場合無報酬で自分の休日を返上してこれに応じるほかないのが現実であり、社会的責務としての必然を重々感じながらも躊躇せざるを得ない場合もある。また、3、留意事項の「博物館」には、「次世代の学芸員を育てるという気概を持って、館務に支障ない範囲内で組織的に博物館実習を受け入れる体制を整備すること」とあるが、館務に支障ない範囲内で館園実習（博物館実習生の受け入れ）に応じられる館はどのくらいあるのだろう。社会的責務、あるいは過去に自らが受けた館園実習の恩義を感じるからこそ気概を持って、何とか館務に都合をつけ、学生が帰ってからその館務を行うことを覚悟で、その館らしく望ましい実習の在り方をあれこれ模索しつつ実習生を受け入れている館や学芸員がほとんどであろう。

さらに、上記「学芸員養成の充実方策について」第二次報告書において5、今後の課題として、先の小佐野氏の発表にもあったように「大学院における教育の充実を図ることや、上級資格をはじめとする高度な人材の認定も視野に入れた検討も必要である」としている。大学院における教育となればミュゼオロジーの専門家を育てるという視点であろうが、たとえば文化政策やアートマネージメントを、考古学や民俗学、美術史といった、博物館で扱うモノを基準に示される学芸員の専門分野と同列に扱うのは、あらゆる局面で矛盾が生じるように思う。

そして、大学院における養成課程の充実という面でも注目されているのが、インターンシップ制度である。先述の「博物館実習ガイドライン」においても3、留意事項［大学］に、「学芸員として多様な活動を経験する観点から、学生に対し、積極的に博物館のインターンシップ制度の活用や、博物館ボランティア等への参加が有意義であることを指導すること」とある。これに先立つ二〇〇八年の法改正前の「これからの博物館の在り方に関する検討協力者会議」による報告書「新しい時代の博物館制度の在り方について（中間まとめ）」（二〇〇七年三月）では、学芸員の養成を三段階のグレードに分け、①大学における「博物館に関する科目」は基礎課程、この後②博物館における一定年数の実務経験、もしくは大学院における博物館学及び博物館資料に関する専門的な科目（インターン経験等実践的な学修を含む）の学修及び専門分野の修士課程以上修了を資格要件とする段階を専門課程とし、さらに③博物館の活動全体を見据えながらこれを牽引し、活性化する指導的な学芸員に対して、さらに上位の資格を創設する、としている。

これによると、従来の学部卒の学芸員資格は学芸員補的なものとなり、②にあるように一年以上のインターンシップ経験がないと専門課程を修了できないことになる。このような受け入れ体制を整備できる館がどれだけあるかという危惧は、同報告書の文章中にも記される。

インターンシップの導入は、政府の推進によって企業に積極的に受入れられ、博物館でもこれを実施するところが増えてきた。しかし、博物館に限ってみても、問題点がないわけではない。学芸用務全体を網羅するところもあるが、教育普及の業務補助的な内容が多い点や、人手が不足する博物館現場の労働力補塡に安易に使われる可能性への危惧が指摘されている。[13] とくに学芸員養成の専門課程にかかるインターンシップであれば、あらゆる学芸員の仕事を細やかに学ぶ必要がある。先述したように学芸員はモノを扱う仕事である。学生には何かあった時の責任は取れない。学芸員がつきっきりで指導にあたることになるだろう。先述の「博物館実習ガイドライン」では「（実習の）受け入れ側である博物館に過度の負担がかかることのないように配慮しながら検討することが必要」と提言しているが、博物館実習においても、ましてインターンシップにおいても、博物館側に負担がかからないはずがない。受け入れ態勢を整備できる僅少な館頼みとするならむしろ、大きな負担がかかることを前提に、予算やヒトの手当てを具体化することが必要である。

大学側にとっても、大学院生の本分は学位論文であり、そのために積むべき学問の基礎的修練をどれだけ博物館でのインターンシップの経験に置き換えられるのか、単位認定の面でもなかなか首を縦には振れないところであった。各方面の強い反発があって[14]結果として法改正の中には盛り込まれなかったが、学生や大学、博物館といった現場の状況が今後の法改正でどれだけ顧みられ検討されるのか、注視したいと思う。

まとめにかえて――博物館と文化財、危機からの脱出

日本の学芸員は雑芸員と言われるが、日々の用務は多岐にわたり、忙殺され、調査研究は怠りがちになる場合も多い。雑務も疎かにせず何でもこなすのが良い学芸員とする風潮が、残念ながら昨今幅を利かせている。しかし、調査研究は博物館活動の基盤である。モノに触れる機会と技術をもつ学芸員こそが、積極的にこれを行う責務がある[15]。

学芸用務はまさに多種多様だが、そのすべてを少ない陣容で果たし切るのは不可能であり、これらの中から館のアイデンティティや方針に沿うものを選び取って遂行してゆくことが肝要である。まちづくりや学校教育の支援、学習サービスの提供に終始してしまうと、博物館本来の活動は滞り、学芸員の本来業務が遂行されなくなってしまうことは否めない。

では、博物館本来の活動とは、何か。博物館法に掲げられた資料の収集、保管、展示及び調査研究である。各博物館がしっかりした基本姿勢、理念を持ち、この確認を怠らないことが大切であるが、これに則って最新の動向や研究成果など、あらゆる情報を収集し調査研究を行う必要がある。その成果を資料の収集・保存・公開等に反映させ、新たな価値を創出し、社会に還元することにより、社会貢献を果たすことが学芸員には求められる。これが学芸員の本来業務である。

分業が進んだ欧米のキュレーターと、日本の学芸員では、職域の広がりに大きな違いがあるだろう。またひと口に日本の学芸員と言っても国の大規模館から地域の資料館まで、具体的な日常業務は千差

万別である。学芸員養成制度に専門職員化、高度化を求めることは、その活躍の場である博物館にすべてが照準化され、そこからはずれた館は等閑にされてしまうのではないかとの危惧も感じる。[16] 博物館の在るべき姿、学芸員の在るべき姿を、まずはしっかり議論して、そこに近づくための支援策として博物館法の改正を考えるべきではないかと思う。

今年から改正施行された文化財保護法に加え、急がれる博物館法の改正であるが、国と現場の考え方の相違は大きいようである。国は博物館への期待を、

＊社会教育機関としての機能　＊学校教育との連携　＊観光振興への寄与

としている。社会教育的側面が強調され、遺憾ながら博物館本来の活動は含まれない。

先述したように博物館法は、久々の大きな改正であった二〇〇八年六月の改正・公布も「社会教育法等の一部を改正する法律案」の成立によるもので、国立博物館を法の対象にするといった抜本的なものではなかった。そしてこの時は、

○博物館資料に電磁的記録を含める
○専門性を高める学芸員研修実施を、文科相および教育委員会の努力義務とする
○博物館の運営評価実施とその情報公開を条文化する

という内容が加えられた。

博物館の運営評価とは経費削減に努めているか、費用対効果を考えて予算執行を行っているか、を

評価するものである。公立博物館においては指定管理者制度の導入によって、民間への委託が行われることも可能となったが、民間の論理すなわち経営効率の優先によって、これまで博物館法が保証してきた調査・研究、保存・修復の継続性が切り捨てられないか、入館者数を稼ぐために、博物館が単なるイベント会場と化すのではないかと懸念されている。

さらに、二〇〇八年の博物館法一部改正では、博物館を生涯学習の場と位置付け、博物館におけるボランティア活動の推進を促す条文を加えた。[17]

現在の日本では、博物館は社会教育施設であるとの位置付けがなされているため、益々教育的側面が強調されてゆく傾向にある。すでにふれたように、教育活動だけではなく、調査研究も重視すべきであるのに、学術的側面の軽視につながらないかと心配されるところである。

加えて、観光立国を唱える現況で、多言語対応、観覧者を満足させるための鑑賞支援、開館時間の延長や、学芸員に対する文化財を活用した観光振興に関する講座の新設などが閣議決定された。[18] 文化庁の京都移転もこの潮流に位置づけられ、地方創生もこの観光立国に取り込まれたものである。

二〇一七年四月の山本幸三地方創生大臣（当時）による「一番のがんは学芸員。この連中を一掃しないと」の発言は、がん患者やその家族、そして学芸員の心を傷つけるものとして非難されたが、モノを動かす怖さを知らない人の発言として印象深かった。学芸員は、モノを動かす怖さとともに、無事に公開してヒトに出会いの場を提供できた感動、喜びも知っている。博物館と文化財の危機から脱するために、もっと学芸員の仕事を、そしてモノのある現場を知っていただきたい。本稿に託す思いは、最初に述べた通りである。

注

（1）桟や廻し裂などの表具をはずし、下地からあげ裏打ちを除去して本紙の修理を行い、これをまた裏打ちし直して、新調した下地に戻すという手順による文化財修理をさす。

（2）筆者が勤務していた公立美術館では、筆者が担当していた期間に当初は二〇〇万円であった一般財源からの修理予算が、一〇〇万円に半減し、その後直ちに数十万円に減少した。このため一般財源からは、日本の絵画では小さめの掛幅装しか修理がかなわなくなった。

（3）坂田さとこ「文化財修理倫理観の変化と技術的進歩―保存修理の現場から―」『Lotus（日本フェノロサ学会機関誌）』三八、二〇一八年三月

（4）坂田墨珠堂編『珠々の記――色は匂ほへと』坂田墨珠堂、二〇一九年

（5）二〇一九年秋には、住友財団修復助成三〇周年記念の特別展「文化財よ、永遠に」が、泉屋博古館、泉屋博古館分館、東京国立博物館、九州国立博物館の四館で同時開催され、住友財団の助成による文化財修理現場の最前線の様相が紹介された。

（6）二〇〇三年「公立博物館の設置および運営上の望ましい基準」改定、告示では、改定前の、配置されるべき学芸員数などの条文も削除された。二〇一一年の同基準の改定、告示でも同じである。

（7）美術館建築は、展示機能中心から都市空間を楽しむ場へ移行し、鑑賞以外の場で人を呼ぶ時代が到来したという（二〇一七年一一月二七日付『朝日新聞』文化・文芸）。筆者もここに紹介される富山県美術館を訪れたが、あくまでも収蔵や展示機能を考慮したうえでの「にぎわい創出」であることを実感した。

（8）博物館法の形骸化が叫ばれて久しいが、その最大の原因は登録制度にあるといわれる。同法のもとに博物館は、登録博物館、博物館相当施設、そして同法の適用を受けない博物館類似施設の三段階に分かれる。文化財保護法のもとにある国立博物館と、社会教育法のもとにある公立博物館という、依拠する法律が異なる博物館の二極分解した構造にも疑問が提示されている。また、各都道府県の教育委員会にある登録原

簿に国立博物館が搭載されることはないため、全国の博物館を先導すべき国立博物館は登録博物館ではないが、すべての館を同法の対象とすべきだという意見は根強い。

（9）・二〇〇八年二月一九日の中央教育審議会答申「新しい時代を切り拓く生涯学習の振興方策について～知の循環型社会の構築を目指して～」

・二〇一六年三月三〇日　首相官邸政策会議・明日の日本を支える観光ビジョン構想会議「明日の日本を支える観光ビジョン―世界が訪れたくなる日本へ」

・二〇一六年六月二日　首相官邸政策会議・日本経済再生本部「日本再興戦略2016―第四次産業革命に向けて」

・二〇一六年一一月　文化庁・文化審議会「文化芸術立国の実現を加速する文化政策―「新・文化庁」を目指す機能強化と2020年以降への遺産（レガシー）創出に向けた緊急提言」

・二〇一六年一二月　首相官邸政策会議・明日の日本を支える観光ビジョン構想会議・観光戦略実行推進タスクフォース「観光インフラ整備プログラム」

・二〇一七年一月三一日　内閣官房・国土交通省官公庁「明日の日本を支える観光ビジョン」主要施策に係る取組について

・二〇一七年三月一日　文化庁「文化経済戦略特別チームについて」

・二〇一七年五月一二日　首相官邸政策会議・未来投資会議　第八回未来投資会議での文科大臣報告

・二〇一七年五月三〇日　首相官邸政策会議・未来投資会議　第九回未来投資会議資料「未来投資戦略2017」

・二〇一七年一二月二六日閣議決定の「平成29年の地方からの提案等に関する対応方針」

・二〇一八年六月一二日観光立国推進閣僚会議決定の「観光ビジョン実現プログラム2018」

など

(10) 同会議のホームページから、閲覧、ダウンロード可能
(11) 二〇〇七年三月一日「新しい時代の博物館制度の在り方について（中間まとめ）」
二〇〇七年六月一日「新しい時代の博物館制度の在り方について（報告）」
二〇〇九年二月一八日「学芸員養成の充実方策について（報告）」
二〇〇九年四月三〇日「博物館実習ガイドライン」
二〇一〇年三月二六日「博物館の設置及び運営上の望ましい基準の見直しについて（報告）」
(12) 文部科学省・これからの博物館の在り方に関する検討協力者会議「学芸員養成の充実方策について」第二次報告書、六ページ、二〇〇九年二月
(13) 君塚仁彦、渡辺美知代、池尻豪介「博物館学芸員の雇用・労働をめぐる現状とインターンシップに関する一考察」（『東京学芸大学紀要　総合教育科学系Ⅰ』六四、二〇一三年）
(14) 「これからの博物館の在り方に関する検討協力者会議」による報告書「新しい時代の博物館制度の在り方について（中間まとめ）」の第二回ヒアリングにおける、東北学院大学歴史学科の辻秀人氏による意見発表において、提示された内容が大学という現場における実情にいかにかみ合わないかが、詳しく述べられている。
(15) 博物館の調査研究については、以下のように位置づけられる。
○常に形あるモノ（資料）そのものに即して行われること
・モノ（資料）の専門的調査研究…もっとも基礎的で、博物館活動の中心資料の価値を見出し、意義を創造することにつながる。成果は、展示や館の活動に活用される。
・資料の収集・保存・修復に関する方法的、技術的調査研究
○その他
・博物館そのもののあり方や、運営・経営論、「ミュージアムマネージメント」に関するもの

・展示や教育に関する教育学的、心理学的調査研究

(16) たとえば観光ビジョンにもとづき、博物館における多言語解説が推奨され、国の補助金がこれに交付される場合がある。しかし小規模館ではことにあたれる人員を確保できないのが現状である。

(17) (博物館の事業)

第三条　博物館は、前条第一項に規定する目的を達成するため、おおむね次に掲げる事業を行う。

九　社会教育における学習の機会を利用して行つた学習の成果を活用して行う教育活動その他の活動の機会を提供し、及びその提供を奨励すること。

(18) 前掲、註(9)二〇一八年六月一二日観光立国推進閣僚会議決定の「観光ビジョン実現プログラム2018」

第四章　地元の主婦による文化財住宅の立ち上げと運営

小泉和子

はじめに

世界遺産石見銀山で知られる島根県大田市大森町に熊谷《くまがい》という家がある。石見銀山とその周辺は江戸時代、幕府の直轄領とされていて、大森町には代官所が置かれ、支配の中心地であった。代官所の周囲には、御銀蔵、番所、武家屋敷が配置され、ここから南へ向かって町並みが延び、その中に町家と武家屋敷が混在している。この町並みは一九八七（昭和六二）年、国の伝統的建造物群保存地区（伝建地区）に選定されており、熊谷家はこの中の代官所に近いところに位置している。

熊谷家は鉱山業や酒造業を営むと同時に、代官所に納める年貢銀を計量・検査する掛屋《かけや》や、石見銀山御料の支配の一部を担う郷宿《ごうやど》や代官所の御用達を務めるなど、石見銀山御料内で最も有力な商家の一つであった。(1)

江戸時代の大森町には、町人の中から選ばれた重立衆《おもだちしゅう》と呼ばれる人々がおり、その中から町年寄

（二〜四人）・組頭（五人）・目代（一人）が選ばれ、町の運営に当たっていた。熊谷家当主は、代々町年寄を務め、町全体の運営を統括していた。町年寄は、町の運営に当って、自宅で寄合を開くなど、熊谷家は町役場のような存在でもあった。

建物は一八〇〇（寛政一二）年に起きた町並み大火後の、一八〇一（享和元）年に主屋と米蔵・雑蔵が建ち、その後、衣装蔵・北道具蔵・東道具蔵・小蔵、蔵前座敷が増築されて、一八六八（明治元）年に屋敷構えが整っている。(2)

この熊谷家住宅が一九九八（平成一〇）年、重要文化財に指定され、二〇〇一年に大田市に寄付された。それに伴って修復工事と活用整備工事が行われることになり、残存する家財の調査を引き受けることになった。これが事の発端である。思いがけない展開をすることになった、家財調査からはじまり、公開に向けての準備、公開後の運営までの経過を紹介させていただき、文化財住宅の活用――この場合公営――にとって何が必要かを考えてみたい。

一　家財調査で目覚めた女性たち

1　主婦たちによる家財調査

そもそもは本来なら学生とか、研究者たちが行う家財調査を、費用の問題で、地元の主婦たちに担当してもらったことが事のはじまりである。

素人の主婦にできるかどうか心配だったが、寸法をとって、写真撮影してもらうだけでもいいので、それなら主婦でもできるのではないかと考えて主婦のパートではじめることにした。

声をかけたところ、主婦が五人応募してくれた。これに市の臨時職員二人を加えた七人体制となった。作業場所は、町はずれにある廃校になった学校の体育館である。ここにスチールの棚を組み立てて、残っていた家財を家から運び出し、棚に積みあげていくという作業からはじまった。このときは人夫の力も借りた。

図1　家財調査の風景

ところがこの作業の段階で、熊谷家が長い間無人だったせいもあって、家財といっても、旧家らしいいわゆる「お宝」は皆無で、大部分が粗大ごみ状態のものだということがわかった。汚れきった下着類もある。このためすぐに調査には取りかかれない。洗ったり、掃除したりしなければ、寸法も計れないし、写真も撮れない。

やむなくとりかかったところ、そこは主婦である。慣れたもので、たわしでこすって汚れを落とし、がらがらと洗濯機をまわし続けて、どろどろの衣類もつぎつぎと洗って行く。それを横目で見ながらの調査である。調査は私が作ったカードに、寸法、材質、用途など、わかる範囲で記入し、写真を撮ってもらうという方法で行うことにした。わからないところは未記入でいいということにし、これを東京から月一度出かけて行って指導するという方式でスタートした。

すると驚いたことに、はじめは未記入だらけだったが、二月もするうちに、しだいに未記入が無くなっていったのである。空白にしたくなくて自分で調べはじめたのである。調べはじめると今度は面白くなって、図書館だけでなく、古いことを知っている人の所など、あちこちに調査に出かけるようになったという。

そうしているうちに、やがてそれぞれ得意分野がわかってきたので、分担を決めることにして、食器班、衣類班、趣味班、酒造班、宗教班に分かれ、それ以外は適宜担当することにした。

専門分野が決まったので、もう少し深く調べてみたらと勧めたところ、地域の行事食を調べるとか、以前、熊谷家に奉公していた人に行事のことを聞きに行くとか、一段と熱が入ってきた。競争心も沸いてきたらしい。残っていた酒造の器械を理解するために、広島まで出かけた人もいる。

「勉強なんてすっかり縁遠くなっていたのに、こんなに勉強できるなんて嬉しい」

この時期、彼女たちが口々に言っていたことである。

こうして三年間、夏は炎暑の、冬は凍り付く体育館の中で黙々と作業を続けたおかげで、さしもの粗大ごみの山もすっかり整理がつき、終わる頃には、熊谷家の家財だけでなく、地域の行事や生活習慣なども学習して、全員、いっぱしの民具・民俗研究者になってしまったのである。顔つきも変わってきた。御主人や子どもさんたちも、妻やお母さんを見直して、応援してくれるようになったと言う(3)。

そこで折角ここまでやったのだからと、市に交渉して調査報告書を出すことにした。

「原稿なんか書いたことがない」

と言いながらも、それぞれの担当分をすべて網羅した『熊谷家の家財とくらし——重要文化財熊谷家住宅家財調査報告書』(4)を作成した。報告書を出したことで、彼女たちはまた一段と自信を深めたようである。

2 家財調査の発表会

家財調査の終了を市の広報が伝えると、町民から家財を見たいという声があがった。何しろ町一番の大家である。どんなに立派な家財があるかと興味津々で、みんな待っていたのだ。このため市から報告会をしてくれないかといってきた。しかし前述の通りで、期待に添えるようなものはまったくない。ただ調査したことで家財に関する知識については、しっかりみんなの頭に入っている。そこで苦肉の策で、各担当者が、自分の調べた家財をネタにして、何か面白いパフォーマンスを考案することにした。このため数日前からシナリオを作り、ハトロン紙に図を描いたり、出し物の用意をしたりし、何回も演技を練り直し、繰り返し練習するなどして準備した。

当日の二〇〇三（平成一五）年八月一七日は、開始前から体育館に町民がつめかけてきた。家財が積んである棚の周りをうろうろする人もいる。どんな家財があるか早くみたいのである。開始時には一三〇人あまりの人が集まって、用意した場所はすべて埋まってしまい、棚に登って見物する人までいた。

いよいよ開始である。固唾をのんで期待している人々を前に、食器班は、一の膳、二の膳とそれぞれ漆椀を並べて、椀の名前と何を盛るかを観客に当てさせるゲーム、衣類班は、観客の一人の若者に立ってもらい、袴の着付けをしてみせ、キモノについての説明をし、酒造班は、ランビキを使って作った蒸留酒の試飲と、ランビキの役割について説明した。

ランビキはアルコールを蒸留する陶製の器具である。江戸時代の文献にはよくでてくる。商売の酒造道具ではなく家庭用の道具だが、熊谷家のような家では、来客の接待のために蒸留酒を造っていたようだ。当時の富裕層のくらしを物語るものである。試飲は全員には行き渡らなかったが珍しがられた。出雲地方の伝統工芸である八雲塗についても紹介した。

素人ならではの不手際がご愛敬で、それぞれ面白かった。熊谷家の代々当主の趣味について話をした一人など、熊谷家ならあったはずの茶道具について話した後で、

「たった一つだけ千家十職の塗師《ぬし》、中村宗哲の箱書きのある長板が残っていました。ところが端が割れているんです。それだから残ったんじゃないですか。金目のものはありませんでした！」

と喝破して大爆笑を買った。

盛り上がったのは宗教班である。三方《さんぽう》が何十と大量に残っていたので調べたところ、熊谷家では町内の複数の神社に祭礼に際してたくさんの供え物をしていたことがわかった。その際、米、野菜、果物、魚、菓子などを、それぞれ三方に乗せて、家から女中さんがならんで運んでいったという。ではそれを再現しようということになって、ぼろぼろだったが御簾《みす》も残っていたので、これを正面の壁に掛けて、祭壇をしつらえた。そこへ女中に扮した女性たちが、三方を捧げて、しずしずと運んでいってお供えしたのである。米や野菜や昆布などは実物だが、魚類や果物、饅頭などは絵に描いて、その絵がまたヘタウマだったが大拍手だった。

期待したようなお宝は見せられなかったが、パフォーマンスに騙されて、みんなお宝のことはすっ

かり忘れたようだった。このイベントも、彼女たちに人前で発表する自信をつけた(5)。

二　公開に向けての準備

1　もったいないの精神で

家財調査はこれで終了したわけであるが、折角、熊谷家の家財や歴史について熟知している彼女たちである。開館後も続けて働いて貰うことにした。彼女たちにも異論はない。「学芸員」では少々趣が違うので「家の女たち」と名付けて、公開に向けての準備を開始した。といって、そのまま展示できるものも使えるものも、ほとんどない。市は購入するのも難しいという。あるのは粗大ごみの山である。そこでこの粗大ごみの山をリサイクルして、公開に必要なものを作ってみないか提案してみた。すでに粗大ごみには親昵《しんじつ》していた彼女たちである。即座に「やってみましょう！」となった。

最初に着手したのは、「古い布団から座布団百枚」である。長い間、押し込まれていて、埃で真っ黒、引っ張り出したら鼠のミイラが転がり出てくるような古布団が押し入れにぎっしりつまっていた。

このカチカチに固まっていた布団を手分けしてほどき、汚い綿は捨て、きれいな綿だけ収蔵庫の校庭に広げて乾し、真っ黒な布団側は洗濯機にかけて、かたっ端から洗っていった。すると、なんと驚いたことに鮮やかな藍染めが顔を出したのである。乾かしてあらためてみると実に美しい。良いところだけ集めてパッチワークしたところ、素適な座布団が百枚でき上がった。

これに味をしめて、杜氏《とうじ》さん（酒造の職人）の布団もつくった。そのほか黄ばんだ長襦袢を鏡台掛に、破れた麻袴を信玄袋に、縮緬の長襦袢を染め直して箱枕に、紋付きの布団を暖簾に作りかえ、戸棚の襖を小屛風にし、さらに子ども下駄の再生、ご馳走の模型、錆びた鳥籠の塗り直しと、つぎつぎにリサイクルしていった。

たとえば杜氏さんの布団は、酒造関係の資料を展示する一画に、杜氏さんたちの寝起きの場を設けるためである。調査中、ばかに幅の狭い布団が大量に出てきた。寝返りを打てばはみ出してしまう。だが子ども布団にしては丈が長いし、昼寝布団でもなさそうだ。調べたところ、杜氏さん用の布団だ

図 2　再生した座布団

図 3　杜氏さんの布団を作る。綿が入ったところ

った。広い板の間に隙間なくびっしりと敷いたのだという。残っていた布団はもちろんひどく傷んでいたので、これも古布団をほどいて作り直した。

鏡台掛は、最後に嫁入りした人の嫁入道具を展示するためである。粗大ごみとは言ったが、中には比較的まともなものもあって、土蔵の中で油単《ゆたん》を被せてあった箪笥や長持などはさほど傷んでいなかった。客用布団も大切にしてあったらしくきれいである。鏡台と姿見も残っている。そのほか卓上ミシンや湯熨斗《ゆのし》道具、袱紗《ふくさ》つきの行器《ほかい》や高張提灯など、新旧入り交じった嫁入り道具がほぼ残っていた。手入れをして、昭和はじめの、この地方の旧家の嫁入り道具一式として、二階の一室に展示することにした。ところが鏡台と姿見の掛布がない。家紋がついた鏡台掛けが無くては嫁入り道具が揃わない。これだけはお金を出して紋を入れて染めてもらわないといけないかなと考えていた。すると一人が、

「黄ばんで使えないけど地の良い縮緬の長襦袢があります。これを染めて使いましょう」

といい出したのである。染粉は店じまいをした薬局から貰ったものがあるのだそうだ。

早速、長襦袢をほどいて、釜に湯を沸かし、海老茶色に染め、刺繡が得意な彼女が白糸で家紋を刺繡して、見事な鏡台掛と姿見掛が出来上がった。

ご馳走の模型は食品サンプルである。重箱類が数多く残っていたが、ただ並べても芸がない。ご馳走が入っている状態にしようということになったが、業者に頼む食品サンプルはありきたりだし、第一お金がかかる。これも何とかみんなで作ってみようじゃないかと衆議一決した。

作るご馳走は、まずこの地域の行事食である花見弁当、法事の料理、祭礼の料理とした。今では廃れてしまった行事もあるため、着手の前に、あらためて、むかし熊谷家で働いていた人や地域の年寄

たちから聞き取りを行った。聞き取りの中で、法事の時、一椀だけ煮染《にし》めの野菜を生のまま盛っておき、帰りに土産にするという珍しい風習があることもわかった。

作る料理がきまったので、つぎは模型づくりである。それも残っていた材料を使ってである。芯に使う発泡スチロールはもちろん空き箱である。着色用には高校時代の絵の具を探し出して持ち寄った。

箱寿司の御飯はタオル、錦糸卵は黄色の布を縮らせてから細く刻む、鮭の切り身は木目込み方式、脱脂綿を薄黄色に着色して天ぷらの衣、という風に、料理本や野菜の図鑑、時には実物を見ながら工

図 4　姿見掛と鏡台掛、箱枕。信玄袋は紐だけ元のものを使った。

図 5　ご馳走の模型。花見弁当（箱寿司・煮染・卵焼・簀巻蒲鉾・焼鮭・鶏炒煮・芋・椎茸・天ぷら〈春菊・牛蒡・人参〉・蜜柑）を中心に左奥から、煮染を盛った鉢・法事の御飯とお平・寒天の刺身・お祭りの鯛の湯引、右に曲がって白和え・鯛の吸い物・なます・草餅。

夫を重ねていった。椎茸と昆布は古い革座布団、鯛の鱗は蜜柑のネットを脱色し、粗密をつけて張り付ける。草餅は紙粘土の上に草色の布を張り、シッカロールをまぶす。刺身蒟蒻は靴の中敷のシリコンをオーブントースターで溶かして細く切る等々と、迫真力を求めて追求していった。

その結果、はじめのうちこそ似ても似つかずで苦労していたが、熱心ということは恐ろしいものである。たちまち上達して、鯛の刺身や刺身蒟蒻、鯛の吸い物、なますなど、まさに本物と見まがう見事な出来ばえとなった。

「ご馳走つくりで、ごみのようなものでも役に立つこと、無駄なものはないということを学んで、これまで買い物が楽しかったけど、工夫する方が面白くなった」

というのが彼女らの述懐である。

2 能力を鍛えた家事

作品がどれもあまり見事なので、二〇〇五（平成一七）年の秋、東京の「昭和のくらし博物館」で展覧会をすることにした(6)。

ここは一九五一（昭和二六）年に建った私の家を戦後の庶民住宅資料として公開している小さな博物館である。タイトルに掲げたのは「もったいないな女たち――石見銀山重要文化財熊谷家住宅を立ち上げる」である。

この催しは新聞や雑誌でも大きく取りあげられたし(7)、家の女たちも順番で週末ごとにやってきてトークをした(8)。市の担当者も参加している。

食品模型づくりはその後も続き、台所に置く擂鉢の中のシジミや、到来物の甘鯛、冬の食卓のへか鍋、夏の食卓の大皿に盛った氷の上の刺身、杜氏さんの食卓に置く沢庵と古漬け、さらには鳥籠の小鳥など、つぎつぎに眼を見張るようにリアルな模型を作るようになっていった。請われて松江の歴史館に指導に行くまでに熟達した(9)。

展示物だけではない。パネルづくりも、原稿から写真、プリントまですべて自分たちで作った。昭和三〇年～四〇年代の酒造工程という専門知識のいる壁一面の巨大パネルも、パネル自体はさすがに専門の業者に頼んだが、広島まで行って調査して、写真撮影、原稿書き、レイアウト、すべてやってのけた。

こうして勘定場、広間、座敷、居間、仏間、隠居部屋、台所など、それぞれの部屋をその部屋らしくし、文書、衣類・寝具、食器類は衣装蔵の一、二階に、酒造・小売は東道具蔵の一、二階に展示し、納屋には酒造の機械や酒を絞る油圧式絞り機を復元して、——この工事はさすが職人に頼んだが——公開にこぎつけることができた。

公開した熊谷家は主婦ならではの経験が活かされ、生活感のある展示となった。来館者にも好評である。

それにしても、主婦の持つポテンシャルにはあらためて感心した。裁縫の得意な人、字の上手い人、器用な人、調べるのが好きな人、それぞれが驚くほどの才能を秘めていた。しかも辛抱強い。汚い仕事も決して嫌がらない。家事というものがいかに森羅万象を相手に成り立っているものであるか。それだけに長い間、家族のために家事をこなしてきたことが、彼女たちの能力をここまでに鍛えていったのだ。

一方彼女たちにとっても主婦としての経験が活かせたという手応え、とくに女性たちの得意分野である縫い物や手芸を活かし、創意工夫することができ、それが展示という形で世に認められるということはうれしかったらしい。彼女たちの人生観も変えたようだ。それまでは「主婦なんて」と思っていたことが、決してそうではないとわかり、自らに対して肯定感と誇りをもつようになったようである。

ただしこう書くと、女は家事をすればいいと言っていると誤解されかねないので、断っておくが、そういうこととは違う。だがここでこの問題を述べるのは、筋が違うのでここまでにする。

三　日本住宅としつらい

ところで住宅の公開に際し、本格的にしようと思ったら欠かせないものがある。「しつらい」である。季節ごと、行事ごとに建具や家具、敷物、掛軸や飾り物を使って模様替えをすることである。西洋の住宅と違って日本住宅は、そのままだと畳の部屋が続くだけで殺風景である。そこにしつらいをすることによって、はじめて季節感や行事の雰囲気が生まれ、表情豊かで美しい室内となる。しつらいはまたその家の趣味や文化を示すものでもあって、その意味でも重要である。美術館などなかった当時、招かれた客はそれを鑑賞するのも目的の一つであった。当然熊谷家のような家では、季節ごと、行事ごと、それぞれの目的や迎える客に合わせて、時宜にかなったしつらいをしていた筈である。ところがしつらいをするためには、軸や屏風、御簾や敷物などが必要である。しかし実際には重要文化財であってもしつらいをするための予算はついていない。

一般に文化財住宅の活用法には、その住宅の固有性、つまり歴史とか、職業を示す方法と、単に建物として公民館代わりに使うという方法がある。熊谷家の場合は前者にあたるが、歴史や職業を示す資料は、前述の通りで、文書以外残っていない。最初、市では公民館のような使い方を考えていた。しかし復原修理のおかげで地味ではあるが、建物は見事に石見銀山御料の有力商家の姿を取り戻すことができている。それなら、かつての熊谷家のありようを一端でも知らしめるのがいいのではないかと考え、公民館方式はやめることにした。ではその場合、熊谷家の何を取りあげたらいいのかということになる。

図6　イコモスの委員を迎える夕食会のしつらい

御用達商人であり、町年寄を務め、郷宿もしていたということは、来客が多い家だったことは確かである。主人の交友関係もあったろうし、しばしば親戚も来たであろう。熊谷家がお道具持ちだったことは、町の人にも知られていたくらいである。しばしば茶会も開かれていたという。ということは熊谷家では人をもてなすということが重要だったことになる。ではこうした熊谷家の「もてなし」を、何らかの形で再現するのがいいのではないかと考えた。だがそれにはしつらいをしなければならないが、度々言うように残っていた家財の中にはしつらいに使えるものはない。

そこでダメモトで、市の担当者に何とかお金を工面できないかと言ってみた。すると、何と、宝くじ協会が出している助成金（（財）日本宝くじ協会助成事業（施設助成））を六〇〇〇万円もらってきてくれたのである。

その中から、夏、冬のしつらいのための、日除け、御簾《みす》、網代と籐筵《とむしろ》、簀戸《すど》、五色の毛氈、緞通《だんつう》(10)、灯台など、それも御簾の金具は銀山に因んで銀を使うというように、熊谷家にふさわしい高級品でそろえることができた。

おかげで夏は、外回りには日除けを掛け、座敷の障子を簀戸に変え、襖を外して御簾を掛ける。奥座敷には網代、次の間と次々の間には籐筵を敷く。冬は三間続きの座敷一杯に赤・緑・紫・紺・芥子色の五色の毛氈を敷展べる。エキゾチックな緞通を四周に追い回しに敷いて、くだけた雰囲気にすることもできることになった。

折角だから、市の迎賓館として使うのはどうかと市長に進言したところ、二〇〇六（平成一八）年一〇月一九日、石見銀山のユネスコ世界文化遺産登録のために訪れたイコモス（国際記念物遺跡会議）の委員を迎えての夕食会として使うことになり、しつらいで整えられた美しい座敷を使ってはなやかな饗宴が行われた(11)。

また公開後は四季のもてなしとして、春は「春　高楼で花の宴」、夏と秋は「雛もの茶会」、冬は「冬に学ぶ」という行事を催している。これについては後でくわしく述べる。

四　運営

1　催事

二〇〇六年四月から、重要文化財熊谷家住宅として一般公開を開始した。開館後の運営は常勤四人（博物館業務三人・事務一人）にパートの主婦五、六人で行っている。五年間は市の直営だったが、その後、指定管理制度に移行したため、法人「家の女たち」として、彼女たちが建物の維持管理から、見学者への対応、催事など一切の運営を担っている。催事は、小学生対象の「体験学習」、前に述べた「四季の催事」、「かまどの日」、「井戸の日」、「くらしの学校」、資料館と共催のイベントなどさまざまである。つぎにこれらについて紹介する

2　体験学習

体験学習は、小学生を対象に、「熊谷家で学ぶむかしのくらし」として、「ご飯炊き」、盥《たらい》と洗濯板を使っての「洗濯体験」、昔のあかりを体験する「まっ暗体験」を行っている。遠くからくる学校もあるため、午前一〇時頃から午後二時頃まで通して来て貰うことにしている。これは一、二時間程度来るのでは、さわりだけやらせることになってしまうからである。

たとえばご飯炊きの場合、二時間くらいだと、こちらで全部準備しておいて、炊くところだけやらせて、食べて帰ることになってしまう。これでは本当のことがわからない。薪つくりからはじめて、

米を研ぎ、竈にかけて炊く。炊いたら蒸らす。その間に煮干しで出汁を取って、野菜を刻み、味噌汁を作る。これでやっと食べるところに辿り着くのである。食べ終わったら、今度は鍋・釜、食器を洗って、竈の始末をし、周りの掃除をする、と、ここまでがご飯炊きである。こうすることで電気釜で炊くご飯炊きとの違いを実感し、米・水・火からなる炊飯の科学を学ぶのである。

今では市内の全小学校のほか、伝え聞いて広島など他府県からも申し込みがある。たまには中学生や高校生も来るので、その時は、甑《こしき》を使って炊飯の歴史を教えたり、山に入って食べられる野草を摘

図7　体験学習のご飯炊き。薪割り・火吹竹で火を焚く・御飯を釜からおひつに移す

んで料理するなど、食文化の歴史を織り込むようにしている。

「洗濯体験」と「まっ暗体験」は、時間によって、ご飯炊きと洗濯、あるいはご飯炊きとまっ暗という風に組み合わせている。

体験学習は来合わせた一般来館者にも見てもらっている。すると子どもたちが薪を割ったり米を研いだりする様子にいたく感激するので、それなら定期的に竈に火を入れようということになって始めたのが「かまどの日」である。ぜんざい、ゆで卵、蓬《よもぎ》団子、ふかし芋など、季節に合わせた物を提供している。来館者たちは、広い板間の台所で、竈の火を眺めながら、思い思いに、故郷の話や、母親の思い出話に花を咲かせる。子どもたちは薪をくべたり、火吹き竹を使ったりして竈の前を離れない。

これに対し「井戸の日」は、暑い八月と九月に井戸端で冷たい井戸水を使う遊びである。盥に水を張って、手作りのすくい網で「ミニトマトすくい」をしたり、大小いろいろの水鉄砲で的当てをしたりする。

3　四季の催事

これは熊谷家のもてなしを広く体験してもらうためである。かつては熊谷家のもてなしを受けることが出来たのは一部の人に限られていた。これを誰もが参加出来るものにしたのである。といって熊谷家が実際にどんなことを行っていたかはわからないので、その点は家の女たちで可能なイベントとした。

まず春は「春　高楼で花の宴」である。これは手分けして周辺の山野や庭に咲く花を集めて、高楼

（二階）を花一杯にして、その中で行う昼の宴である。

田の字型の四部屋の襖を外して広間とし、真ん中に立つ柱には、太い竹筒を縛り付ける。竹筒からは藤を始め、あけび、木蓮、山吹などの花々が天上から降り注ぐように枝を伸ばしている。毛氈を敷き詰めた座敷の周囲は、睡蓮・水仙・利休梅・八重桜・石楠花・むべ・山芍薬・しゃが・白山吹・がまずみなど五〇種以上の活花がぐるりと囲んでいる。

料理は近くの店に特注する花見弁当。食後は軽い文化講座である。家の女たちが交替で、スライドを使ってこれまで勉強してきたことを話したり、私が「ちゃぶ台の歴史」とか「パンの歴史」など、身近なものの歴史を話したりする。その後はおやつの時間で、紅茶と手作りのケーキでゆったりとくつろぐ。

図8　「春　高楼で花の宴」の会場

そして最後は家の女たちのコーラスである。そのために月一度、先生について練習している。ユーモアたっぷりの先生の司会と指揮のもと、「朧月夜」や「荒城の月」「この広い野原で」などなつかしい歌を合唱する。黒ずくめに身を包み、色鮮やかなスカーフで髪を包んだ女性たちの女っぷりと、すばらしい歌声に、一同、陶然と時を忘れ、春の午後がゆったりと過ぎて行く。

夏と秋は「雑もの茶会」である。この茶会には自分で茶碗を持って来る。飯茶碗でも、陶芸教室で自作した丼鉢でも、なんでもいい。受付で受け取ると、すぐデジタルカメラで撮影して、パソコンに取り込む。

夏の茶会は、夏の宵、御簾を通り抜けてくる涼風を受けながら、秋の茶会は、灯台の明かりに囲まれ、暖かくも懐かしい雰囲気の中で行われる。料理は丹誠込めた季節の料理、給仕する女たちは着物姿である。

茶会は、これもミニ文化講座からはじまる。遠方から来た人のために、地元の識者に地域の歴史を語って貰う。そのあとは食事、箱寿司に吸い物と主菜といった簡単な懐石料理だが、毎回、新しい料

図9　「春　高楼で花の宴」の余興、家の女たちのコーラス

図10　夏のしつらいをして「雑もの茶会」

図11　「秋の雑もの茶会」のミニ懐石　箱寿司・小鉢（鶏のみの蒸し揚げ）・吸い物（うどん茄子）

図12　手づくりの緞帳をバックに「雑もの茶会の余興」土間にステージを設け、観客席は部屋の方。

理を女性たちが工夫している。

食事が済んだら、いよいよお茶であるが、自分が持ってきた茶碗で飲むのではない。自分の茶碗が誰のところに行くのかわからないし、自分が飲む茶碗も誰が持ってきたものなのかわからない。飲み終わったら器の紹介である。スライドを使って、予め書いてもらっておいたメモに依って、茶碗の由来や思い出などを紹介する。それぞれの茶碗に物語があることがわかって面白い。本人自身も感激である。スクリーンに大きく映し出されると、どの茶碗も存在感があって美しい。スクリーンを見ながら茶碗の名付けをし、決まると字の上手な一人が短冊に書いて、茶碗と一緒に持ち帰って貰う。

この後は、席を変えて、後の茶である。土間に面した「げんかんの間」で、野草茶と漬物でくつろいで貰う。野草茶は熊笹・桑・枇杷の葉・どくだみ・えびす草を煎じたもの、漬物は、メロンの昆布茶漬・アスパラの味噌漬・パプリカの塩漬・セロリの旨味漬・牛蒡のピリ辛漬等々と、これも毎回、新しい味を工夫している。

そして最後のお楽しみは土間に設けた舞台での余興である。歌曲・日本舞踊・琴と尺八の合奏・落語・昔話・フルート・クラリネット・ユーフォニアム・フラメンコギター・チェロの演奏と、毎回演目が違う。演者は地元の医者、中学教師、魚屋、施設職員とさまざまだが、いずれもプロ並みである。

こうして一同、感動のうちに茶会は終わり、あらためて愛着が増した茶碗を抱えて帰路につくのである。

「冬に学ぶ」は、こもって勉強である。冬季は遠くからは参加できないので、町内の人がほとんどだが、熊谷家に残る文書を使っての歴史講座は大人気で、いつも定員オーバーである。わかりやすく面白い講師の話に身じろぎもせず、暗い中で一心にメモをとっている。会場は茶会と同じ座敷だが、この時のしつらいは、座布団と火鉢である。襖を取り払った座敷いっぱいに座布団を敷きならべ、客用火鉢を配置する。寒い人にはひざ掛けを配る。

勉強の後は、台所に移って「給食の時間」である。大鍋にいっぱいの大根・蒟蒻・卵・馬鈴薯がぐつぐつと煮え立ち、大皿にはおにぎりが山盛りになっている。もうもうと暖かい湯気の中で、ここでも講師は質問攻めである。

熊谷家では、このようにさまざまな催事を行っているが、催事に使う料理や菓子はもちろん家の女たちの手作りである。催事の前にはメニューを考え、材料をそろえるなど万全の準備をする。その材料も、大根・トマト・ピーマン・薩摩芋などの野菜や、活花に使う木槿・秋明菊・鶏頭・秋桜などは裏庭で作っている。

催事だけではない。そのほか展示物のメンテナンスや、ひざかけや室内履つくりから、簡単なことなら大工仕事も塗装もする。世界遺産登録記念日には、「まき」（山帰来の葉で包んだ餡入り団子）を大量に作って、町の人に振る舞っている。

五　文化財保存の支え手として

1　河島家住宅の整備

熊谷家で腕を磨いた彼女たちは、市から依頼されて、市に寄贈された河島家、渡辺家、柳原家、山中家――いずれも武家屋敷――などの家財調査も行っている。

このうち河島家は、熊谷家より以前から公開されていたが、ちゃんとした展示もされてなく、空き家同然の状態になっていた。そこへたまたま東京在住の河島家の子孫の方から、もと河島家にあった家財を市に寄付したいという申し出があり、鎧兜や槍や銃などの武具、陣羽織、掛軸、食器類などを頂戴することになった。そこでこの機会に住宅全体の展示替えを行うことになった。

河島家は、一六一〇（慶長一五）年、銀山奉行大久保石見守に召し抱えられて以来、代々、銀山附役人を勤めてきた家で、主屋は一八〇〇（寛政一二）年の大火後に再建され、その後、一八二五（文政八）年までに増築されたとされている。切米三十俵三人扶持の銀山附役人という下級武士の住まいを伝える貴重な屋敷として市の指定文化財（史跡）とされている。

河島家の場合、広い家ではないし、人も一人しか配置できないため、催事をすることは無理である。このため、このクラスの武士が、どのような暮らしをしていたかがわかるような展示をして、見学してもらうことにし、再び「家の女たち」が復元作業にあたった。

その結果、庭に面した一階の奥座敷は客間とし、次の間は客間兼主人の書斎とし、台所に続く茶の間には家族の集まる食事の情景を展示した。食事はお得意の模型である。銘々膳にはご飯・味噌汁・煮魚・春菊の胡麻和え・漬物、飯櫃にご飯、鍋に味噌汁が並んでいる。台所には長持を改造した展示ケースに食器類を並べた。河島家の歴史を物語る武具や掛軸は二階に展示した。

力を入れたのは土間から梯子で登る「つし二階」である。ここは物置か雇人の寝場所に使われていたらしいが、三畳ほどの広さで、小さい窓があるだけの壁に囲まれた部屋である。急な梯子をやっと登って行っても何もない。登って行った見学者は「なんだ、何もないじゃないか」と文句を言いながら降りてくる。

図13　河島家の「つし二階」での「仕舞う」の展示。食器の箱は中がわかるようにしてある。

これでは仕様がない。何とかここを面白くしようということで、「仕舞う」というテーマで、昔の仕舞い方を展示することにした。

これまで町内の家を何軒も家財調査してきて、みんなが瞠目したのは、昔の家財の仕舞い方である。食器類は和紙や布で一つ一つしっかり養生されて木箱や抽斗に収まっているが、包んでいるのはすべて使い古しの紙や布ばかり、二、三センチ幅の布を接ぎ合わせているものもある。着物を包む「たとう」は反故紙を張り合わせたり、古い布をつなぎ合わせて作ってある。また収納法も、提灯は木綿の袋に入れて壁に吊り、ござや籐莚は古い布団側で包んで、吊棚に並べる。大きな油団《ゆとん》（和紙を厚く貼り合わせて桐油か漆をひいた夏の敷物）は、土蔵の梁に縛り付けて吊るす、といった

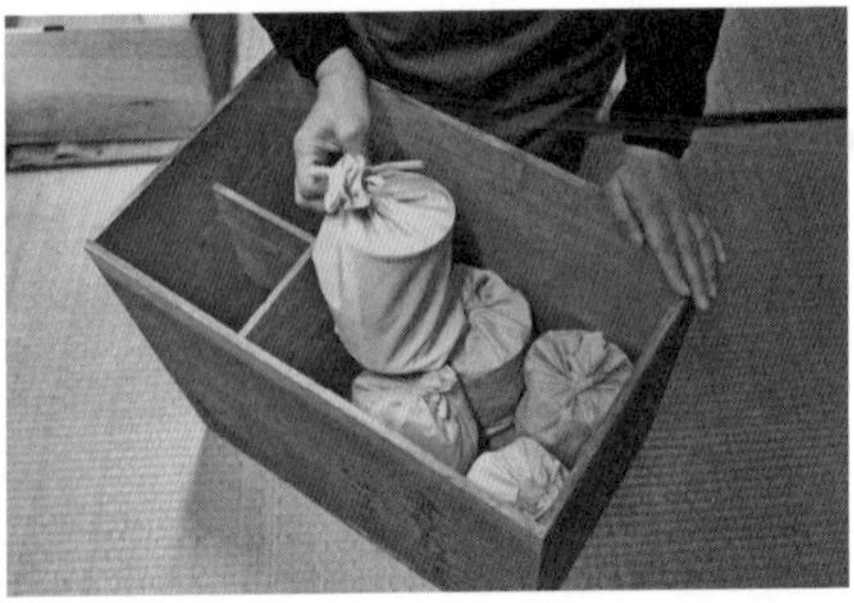

図14　椀を仕舞う

ように、モノに応じて的確に工夫されている。合理的で美しく、しかも無駄がないことに感心し、感動したのである。

このためにまた飲食器類・家具調度品・衣類・古文書と分担を決め、あらためて昔の仕舞方を調べて、それぞれの品物に応じた包み方、仕舞い方を復元して展示した。

いま河島家の「つし二階」は、天井まで届く壁一面に食器類を入れた木箱が積み上げられ、椀箪笥の抽斗には、紅絹《もみ》で包んだ椀がぎっしりと並び、長持には布団袋や大風呂敷に包んだ座布団が収まっている。屏風は屏風袋に入れて屏風箱で、掛軸は布に包んで軸箱に、段通や毛氈は端から巻いて紙に包んで紐で縛って、というようにして展示されている。

「参考にしたい。本はないか」と言う見学者が多いことから、また全員で担当して『仕舞う』という小冊子を作成した。[12]

2　市の文化財保存係

このほかにも「家の女たち」はさまざまな仕事をしている。たとえば石見銀山資料館、石見銀山世界遺産センターとの共同催事、「以銀為暮（銀を持ってくらしをなす）」[13]とか「ブラ大森」[14]「引札《ひきふだ》ワンダーランド」[15]などを実施している。全国伝統的建造物群保存地区協議会の中国・四国ブロック伝建担当者

図15　展示場になっている土蔵に仕掛けたいたずら。本物そっくりの猫・壁の穴を隠すための鼠・燕の巣・鍬形虫と甲虫。気付くとびっくり、ワークシートで子供たちに探させる。

研修会に出て「熊谷家住宅の活用について」と事例報告もした[16]。

奥出雲の牛飼い農家で昔通りの年中行事を欠かさず続けておられる当時八四歳だった泰中静江さんをお呼びして「自然に生きる奥出雲のくらし」というトークショウも開催した[17]。

大森には資料館のほかミュージアム的なじっくり見る施設がないので、二階を使って、地元の給食をメインに取り上げた「パンと昭和展[18]」や、往時はこの地域にもあった民俗行事の「おかけじ展[19]」などのミニ企画展を行い、喜ばれている。

襖の文書はがしも得意技の一つである。伝建地区のため、市が家屋の修理修景をして創建当時の外観にもどす町並保存事業を行っている。その際、文書が張られている襖が出てくると、担当者が、熊谷家に持ってくる。市内でほかに出来るところがないのである。乞われて高校生に文書はがしの実習をすることもある。まさに大田市の文化財保存係である。

また出版物としては、いずれも小冊子ではあるが、『仕舞う』のほかにも、リサイクルの仕事を紹介した『針と糸』[20]、体験学習用のテキスト『熊谷家で学ぶむかしのくらし』[21]や雑もの茶会などの行事を紹介した『熊谷家のおもてなし』[22]を出している。

熊谷家を一般公開して一三年、おかげで種々のメディアにも取り上げられて、視察に来られる方も多い。[23]ＮＨＫの番組「美の壺」にも取り上げられた。[24]この間に「家の女たち」のメンバーには若干の交替があった。それでも「家風」はしっかりと受け継がれ、それぞれが誇りと自覚をもって、熊谷家を、人がくらす、活きた家としている。

六　重要な自治体担当者、地域住民、専門家の協業

1　文化財住宅の活用に必要なもの

長々と書いてきたが、自慢話をしたいわけではない。最初に書いたように、公営の文化財住宅の活用において何が必要なのかを、熊谷家での実践をふまえて、考えてみたいということである。

熊谷家住宅は、たまたまこのようにうまくいったが、同じ文化財住宅でも、そうでない事例も多い。空き家同然になっていたり、展示ケースの展示場になっていたり、ジオラマの人形が不気味に並んでいたり、せっかく家財が残っているのに、しかるべき展示がしてなかったりと、残念な例をあちこち

でみかける。熊谷家住宅にしても、これまではよかったが、放っておいて、このままこういう状態が続くとは限らない。そうすると文化財住宅の活用において、一体何が重要なのかということになる。

熊谷家が上手くいった理由の一つは、準備に時間をかけたことである。家財調査からはじまり、準備期間をへて公開するまでに五年間かかっている。このことが大きな意味を持っていたと思う。その間に全くの素人だった主婦が、家財に対する知識と、その背景にある熊谷家やこの地域の歴史や習俗を学んだこと、それによって、家財も含めてまるごと、さらには熊谷家だけでなく、地域全体のくらしに深い興味と愛着を持ったことである。その結果、彼女たちにとって熊谷家はあたかも自分の家のようになって、開館後も、自ら主体的に管理し、運営するようになったのである。

塵一つない掃除、来館者への行き届いた対応、寒いときには暖かく、暑いときには涼しくといった心配り、暖かいもてなし、我が家に来た客に対するような丁寧な案内等々と完然としている。それも身についたもったいない精神で、無駄なく、お金をかけずにである。まさに「家の女たち」になったのである。準備期間をしっかりとることがいかに重要かを証明している。

そしていま一つは行政の力である。熊谷家の場合、たしかに指導したのは私かもしれないし、女性たちもみなよく働いた。しかし何より大きかったのは行政の協力である。それなくしては到底不可能だったであろう。五年間もの準備期間、しつらいのための資金調達、そして開館後も、種々の問題が起きる度に駆けつけて助けてくれる市の担当者、先例のない試みを自由にやらせてくれた担当部署である石見銀山課、こうした協力があったからこそである。現在でも役所の人々が何かと顔を見せてくれ、催事には家族ぐるみで参加してくれる人もいる。

日本で最初に伝統的建造物群保存地区に選定された妻籠で、そのために尽力したのが当時町役場に勤めていた小林俊彦さんである。彼が町並み保存に果たす学者・行政・住民の役割について言っている。「学者は学問の節を曲げない人、行政はならぬものを何とかする人、住民は一所懸命自分たちのことを考える人でなければならない」。まさにそうである。

私の経験でも、自治体、それも担当者如何で、良くも悪くもなっている。地元の住民も重要であるが、まずは自治体の担当者である。成功しているところには必ずいい担当者がいる。ただ役所の場合、数年で部署が変わるのが問題で、折角上手くいっていても、担当者が変わるとまるっきり機能しなくなるといったことはよくあることである。まさに人である。とはいえこれは偶然に左右されることが大きい。根本はやはり国の文化財に対する姿勢である。国の方針が県や市に影響を与えて、それが個々の担当者に大きく作用するのである。

熊谷家の場合もまさに行政と地元の住民である「家の女たち」の協業があったからこそである。しかしいま言った通りで、今後どうなるかが気がかりである。「家の女たち」は、しっかりしているからある限度までは大丈夫だと思うが、それ以上は国や行政の方針如何にかかっている。

注

(1)『重要文化財熊谷家住宅――石見銀山で栄えた商家』(島根県大田市総務部石見銀山課、二〇〇八年三月)

（2）『重要文化財熊谷家住宅主屋ほか五棟保存修理工事報告書』（島根県大田市、二〇〇五年一二月）

（3）家財調査は、二〇〇二（平成一四）年六月〜二〇〇五（平成一七）年三月まで行い、その間の二〇〇二（平成一四）年度には「家財台帳」作成、二〇〇三（平成一五）度〜二〇〇四（平成一六年）度にかけて分類して収蔵、調査結果をまとめ、報告書を作成、二〇〇五年三月に発行した。

（4）『熊谷家の家財とくらし——重要文化財熊谷家住宅家財調査報告書』（島根県大田市教育委員会、二〇〇五年三月）

（5）発表会は大田市外二町広域行政組合主催石見銀山講座の一つとして行われた。

（6）二〇〇五年一〇月四日〜一二月四日

（7）この展示を取り上げたメディアは、『毎日新聞』二〇〇五年一〇月一日、『毎日新聞』二〇〇五年一〇月三日・『朝日新聞』二〇〇五年一〇月一八日論説記事（越村佳代子）、『読売新聞』二〇〇五年一一月一八日。『季刊銀花』一四七号「女たちの手が重要文化財住宅を立ち上げた」（二〇〇六年九月、文化出版局）、『季刊住む』「今あるものを生かし切る、女性の知恵と手」（二〇〇六年二月、発行所（株）泰文館／発売所（社）農山漁村文化協会）

（8）トークショウを行ったのは一〇月二三日・一一月一三日・一一月二〇日。

（9）松江歴史館で「松江の食文化」（仮）の展示をするため、地元の女性たちに食品模型の作り方を指導しに、二〇一一年一二月から二〇一三年一二月まで、模型上手の二人が月一回、通った。しかし残念なことにこの企画は実現されなかった。

（10）緞通は大阪府堺市の手織緞通である。伝統産業の一つで現在は保存会が伝承している。これを復元するのも意味があると考えて、堺市の民俗文化財に指定されている図案帳の中から「蟹牡丹」を選んで織って貰った。堺緞通は紡毛と木綿のためさわやかで、夏の敷物にも用いられる。

（11）「広報おおだ」（一〇月）に記事が出る。

(12)『仕舞う』「家の女たち」(大森の街並み関連施設指定管理者、二〇一四年三月)
(13)「以銀為暮」二〇一二年七月二〇日～九月二〇日
(14)「ブラ大森」第一回二〇一三年四月七日。その後、年に二～四回開催し、現在継続中。
(15)「引札ワンダーランド」二〇一九(令和一)年八月一日～九月二三日
(16)「熊谷家住宅の活用について」。報告したのは、岡山県津山市において二〇一四年一二月六日
(17)泰中静江さんにきく「自然に生きる奥出雲のくらし」二〇一三年一一月二六日
(18)「パンと昭和展」二〇一八年四月一日～三一年三月二五日
(19)「おかけじ展」二〇一九年四月一日～五月二六日
(20)『針と糸』(島根県大田市、二〇一一年三月)
(21)『熊谷家で学ぶむかしのくらし』(島根県大田市教育委員会、二〇一三年)
(22)『熊谷家のおもてなし』(二〇一五年一〇月)「家の女たち」(大森の街並み関連施設指定管理者)
(23)熊谷家が紹介されたメデアは、『ひととき』「石見の女たちの心映え」(JR東海エージェンシー、二〇〇七年三月)、『別冊太陽』「熊谷家の家財と暮らし」(平凡社、二〇〇七年)、『パッチワーク倶楽部』「懐かしい和の街石見銀山」(株)パッチワーク通信社、二〇一二年)、『毎日が発見』「古い家の片づけ方」(株)KADOKAWA、二〇一四年)、『月刊文化財』「NPOと文化財、歴史と文化を地域の元気に!」(監修文化庁文化財保護部/発行所第一法規株式会社、二〇一六年)
(24)NHK「美の壺」「〈大掃除〉に河島家の「仕舞う」」二〇一七年一一月

時間をかけて人を育てる覚悟はありますか？

第五章　人を育てる史料館

岩城　卓二

はじめに——尼崎市立地域研究史料館をご存知ですか

尼崎市は兵庫県の南東端に位置し、南部は大阪湾、東部は大阪市と接する。古くから海陸交通の要衝として栄え、弥生時代の集落、荘園、寺内町、城下町、商品生産で栄えた農業地帯、阪神工業地帯の一画を占める工場地帯等々、歴史研究の素材に事欠かない。

この尼崎市に市立地域研究史料館（以下、研究史料館と表記）が開館したのは一九七五年一月のことであり、二〇二〇年一月に開館四五年を迎えた。古文書、歴史的公文書、地図、写真、絵はがき、ビラ、チラシ等々、尼崎地域の歴史に関する文書・記録類を収集して保存・公開する文書館であり、全国の自治体史、歴史関係の紀要・雑誌も収集して閲覧に供する地域史文献センター、収集した史料・文献等を利用して市民が調査・研究する地域研究室としての役割も果たす[1]。

一九七四年一〇月三日「尼崎市立地域研究史料館の設置及び管理に関する条令」第二条には「日々

散逸しつつある貴重な文書、記録等の史料及び文献を収集し、後世に伝えるとともに、地域社会に対する市民の歴史的認識を深めるために、史料館を設置する」と定められ、第四条では研究史料館が行う事業として次の六つがあげられている。[2]

（一）尼崎及び歴史的関連地域に関する史料等を収集し、整理し、保存すること。
（二）尼崎の歴史に関する調査、研究を行うこと。
（三）史料等を閲覧に供するとともに、必要な助言及び指導を行うこと。
（四）市史、研究紀要、史料目録等を編集し、刊行すること。
（五）講座、研究会、史料展示等の普及活動を行うこと。
（六）前各号に掲げるもののほか、市長が必要と認める事業。

史料の収集・保存・公開・研究に加えて（三）が重要な業務と位置付けられていたことは、尼崎市史編纂室が、研究史料館設立一年前に記した次の文章から知られる。[3]

この史料館は市民のためのものです。史料提供はもとより、調査あるいはその助言などのサービスも行いますが、たとえば史料・文献の検索カードについても、この館にふさわしい独自の方法を考えています。そのほか研究会・講座を開催し、また市民の歴史研究サークルなどに積極的に協力していく方針です。地域の歴史を住民のものに、歴史学を市民のものに、というのが私どもの願いです。

「地域の歴史を住民のものに、歴史学を市民のものに」とあるように、研究史料館は、市民による「地域研究」のための「史料館」であることに存立の意義を求めようとしていたことが知られる。そして、開館直後には、市民からも「〝史料館は市民のためのもの〟をモットーに史料の提供はもとより調査、助言などのサービスを行う」ことに強い期待が寄せられていた(4)。

私は三五年以上に及ぶ研究史料館の利用者であり、一九九六年以降は専門委員として、諸事業に関わってきた。初めての来館は一九八四年の八月、本格的に史料の閲覧を始めたのは一九八九年九月であったが、随分敷居が高く感じられ、その後の利用でも、史料の閲覧申請にさえ緊張したことを覚えている。決して広くない閲覧室と、黙々と仕事をする職員の仕事場との距離が近く、他に閲覧者がいなかったということや、研究史料館の利用に慣れていなかったということもあろうが、利用者から気軽に助言・指導をお願いできるという雰囲気ではなかった。もちろん事業全体を知っていたわけではないが、一九八〇年代の研究史料館は(一)(二)(四)が重視され、(三)は業務と位置付けられていたにもかかわらず、積極的に取り組むという姿勢になかったというのが私の記憶である。

しかし一九九〇年代に入ると(三)を重視し、「社会に内在化し、広く市民社会の理解と協力を得て支えられる文書館」を目指すようになった(5)。それは「史料の保存・公開という地道な作業と当たり前の市民サービス、それらを通じたゆるぎない市民社会からの認知や評価なくして」研究史料館は成り立たないという自己認識がなされるようになったからである。そしてそれが、「文書館は閲覧で勝負すべきであるという考え方に立って、来館者ひとりひとりを大切にし、調査内容を聞いて史料検索を手伝い、閲覧調査の方法手順をていねいにアドバイスする」というレファレンスの重視につながった。レファレンスの重視を事業の中心におくことになった理由は、利用者が極めて少なく、閲覧者への応対に積極的ではないことなどによって、庁内で研究史料館の存立を疑問視する意見が出されるという深刻な事態が起こったことによる。(6) 存立の危機に直面したことで、職員は、設立時に期待されていた「史料館は市民のためのもの」という期待に応える事業とは何かを考えるようになったのである。

こうして研究史料館は、一九九〇年代以降、市民に活用されるため、(三)を重視する事業に取り組むようになる。しかし(一)(二)(四)を軽視したわけではなく、(一)から(五)が有機的に連関する事業が行われるような努力を重ねていった。それは、研究史料館職員や研究者が研究成果を社会に伝えるだけで終わり(職員・研究者→市民)、その後の事業につながらないことが多い還元型から、レファレンスを通じて市民と対話することで、収集・保存・研究・公開が循環していく事業(職員・研究者⇅市民)への転換の歩みであった。

レファレンスの重視をはじめ一九九〇年代以降の研究史料館の業務改革と、その後の歩みについては、研究史料館職員・館長として諸事業を担ってきた辻川敦氏や拙稿によってすでに詳細に述べられているが、(7) 研究史料館が市民から活用されるために取り組んできた事業や、その経緯は、近年多くの自治体が取り組むようになった、あるいは取り組まざるを得なくなった文化財の保存・活用とは何かを考える上で参照すべき点が多い。

そこで、本章では、試行錯誤を重ねながらも現在進行形で進化し続けている研究史料館の事業を紹介・評価し、文化財の保存・活用のあり方を考えるための素材を提供したい。

一　受け継がれる市史編纂事業

研究史料館は、一九六二年に市制五〇周年の記念事業として始められた『尼崎市史』（以下、『市史』と表記）編纂を担当した市史編集事務局（一九六九年、市史編修室に改称）が発展して、設立された。

一九五〇年代半ば以降、大阪府内・兵庫県内では自治体史編纂が盛んになる。そのなかでも尼崎市の編纂事業の開始は早い方であったが、尼崎市の市史編纂はこれが最初ではない。市制五周年記念事業として始められ、一九三〇年に第一篇、三五年までに第二・第三篇が刊行された『尼崎志』が最初である(8)。

『尼崎志』第一篇は寺院篇で、当時の市域の寺院について、宗派ごとに各寺院の由来、関係文書の紹介、続いて辻地蔵・墓所・寺院関係の旧小字が解説される。第一篇を寺院篇としたのは、各寺院の変遷と消長を叙述することが尼崎の歴史的発展を思考する上で必要だと考えられたからである。続く第二篇では、市域の神社、天理教、金光教教会、仏教会、キリスト教、講などの解説および金石文一覧表、そして、第三篇では尼崎城、尼崎魚市について叙述する。

『尼崎志』は、刊行を始めるまでに約一〇年の史料調査期間を設けている。一九二〇年に自治行政史臨時調査係が設置され、史料の収集・整理が続けられた。しかし、第一篇の凡例によると、調査できた史料は決して多くはなかったようで、叙述にあたっては伝説・口碑も参照し、些細・通俗的なこがとられた。
とも参考にしたことが知られる。また、諸説がある場合は両論併記し、読者の自由判断に委ねる方針

『尼崎志』第一篇の序において、市長桜井忠綱は、尼崎市は郷土の史籍が乏しく、古記録の多くが散失し、すでに収集は困難ではあるが、いま市史編纂に取り組まなければ事蹟は跡形もなく消えてしまい、編纂は困難になると記している。その後、一九四二年には「尼崎市政史」の編纂が開始され、刊行には至らなかったものの稿本が作成された[9]。尼崎市では、戦前から、史料の調査・研究をふまえた市史編纂が、市が取り組む重要な事業として位置付けられていたことが知られる。

『市史』の編纂は、こうした尼崎市の伝統を継承している。隣接する西宮市が古代から近代までの通史編と、関係史料を収録した史料編からなる立派な市史を刊行していたことも尼崎市の市史編纂開始に影響したと思われるが、そうした外的要因よりも、内発的な力が大きかった[10]。それは『尼崎志』以来の歴史文化を大切にするという市の伝統に加えて、社会経済史研究に取り組み、後に史料館長となる小野寺逸也氏や、準備段階に総務局長で、後に市長となる野草平十郎氏といった地域史・歴史文化に強い関心と『市史』編纂に熱意をもつ市職員がいたこと、尼崎郷土史研究会会長であり、郷土史家として実績を上げていた市内大覚寺住職岡本静心氏といった人の力である[11]。

『市史』は本編（原始・古代・中世／近世／近代）三巻、史料編六巻（古代・中世／近世・上／近世・下／近代・上／近代・下／統計）、別編四巻（文化財・民俗／考古／現代／年表・索引・総目次）の全一三巻と、別冊（戦後史）一冊からなる。事業発足直後から市域に残される村方・町方文書の調査・整理および目録作成を行い、多くの古文書類を発見した。さらに全国の史料所蔵機関・個人・寺社などを調

査し、調査個所は市内外五〇〇ヵ所以上に及んだ。

収集史料は本編の編集・執筆に生かされ、その一部は史料編に翻刻されたが、調査の成果が、二七冊からなる『尼崎市史編集資料目録集』としてまとめられたことは注目される[12]。書簡類の整理や一括文書の扱い等に不十分な点がみられるが、一点ごとに表題・作成者・作成年次等々の情報を記録した目録からは、市史編纂に当たって史料の調査・整理に相当な時間を割いたことが窺える。史料の調査に時間を割くというのは『尼崎志』の編纂方針と共通するし、『市史』編纂当初から編纂後の保存・公開も視野に入れた史料調査が行われていたものと推察される。

また、一九六九年に、敗戦以降高度経済成長初期までを叙述した別冊『尼崎の戦後史』が刊行されたことも、この時代の市史編纂事業として注目される。当時、現代史研究の蓄積が少なかったことや、一次史料の調査が不十分なこともあって新聞史料に依拠した叙述は、本編三巻とは相当に異なるが、闇市、製造業の復興、公害問題、労働運動・争議などをとりあげており、戦後史の重要性が認識されていたことが知られる。また、尼崎市が公害をはじめいち早く戦後社会の矛盾に直面していたこともあろうが、御国自慢的になりがちな郷土愛の醸成ではなく、戦後の復興・発展がもたらした負の歴史にも目を背けず、現在・未来を考える資源として歴史を大切にしようという姿勢が窺える。

こうした史料の調査・研究を重視し、歴史を多面的に捉えようとする編纂を担った人の力が、研究史料館を設立させることになる。研究史料館は、尼崎市昭和通二丁目の国道二号線沿いに建設された尼崎市総合文化センターの七階に設置された。開館当初の床面積は約三〇〇平方メートル、史料収蔵庫・史料整理室・閲覧室・事務室等からなった。現在は、これに史料を収蔵する分室約一〇〇〇平方メートルが加わる。分室は、主に増え続ける歴史的公文書の収蔵にあてられている。

研究史料館の基本目的は、それまでの市史編纂過程と、以後新たに調査・収集する史料を保存・公開するとともに、史料を後世に伝えることと、市民の利用や事業を通じて生活の場である地域の歴史について市民の認識を深め、地域社会に対する基本的理解と愛情を育てることにあった。[13] 市立文書館としては神奈川県藤沢市に次いで国内二番目の開館であり、文書館ではなく、「地域研究史料館」としたところに開館に努力した関係者の見識が窺えよう。そして、その「研究」の担い手には研究者とともに市民も含まれていた。というよりも、市民に重点が置かれていた。研究者が叙述した『尼崎市史』の成果を読んで学ぶだけでなく、市民が主体的に歴史が研究できる施設を設けた点で、『尼崎志』の編纂に始まった尼崎市の市史編纂事業は、新しい段階に踏み出したといってよい。

市史編集室が刊行していた『地域史研究』に掲載されたものであり、やや〝仲間ぼめ〟感は否めないが、市民も研究史料館に期待していたことが窺える。[14]

野草平十郎氏は、史料が散逸の危機にさらされている現状において、研究史料館は現在だけでなく後世に対しても重大な責任を持つと、研究史料館が未来に果たすべき役割を重視している。史料の収集・保存は未来に対する市の責任だというのである。

歴史研究者である梅谷昇氏は、他の自治体史編纂では顧みられないが、市史編纂過程で収集した史料の編纂後の扱いについて、将来の研究利用のために整理・分類し、保存するための施設を尼崎市が設立したことを尼崎市による一大文化事業と高く評価する。そして収集・保存・公開する史料は尼崎市だけに限定することなく、地域研究という観点から、広く関連ある地域も対象とすることと、近現代史を重視する立場から、行政文書の収集・保存を担うことも大切であると述べている。

北規矩哉氏は市民が調査しようとしたときに、豊富に史料が揃い、利用しやすい環境にあること、適切な指導ができる職員の養成・配置を要望している。また、市民にも研究史料館をもり立てるための寄附を求め、将来は独立館となることへの期待も寄せている。行政に頼るだけでなく、市民も研究史料館を応援し、支える努力が必要だという意見である。

その他、古文書への関心を高めるための古文書教室や尼崎の歴史についての学習会などを開催し、研究史料館が積極的に市民の中に入り込む姿勢が必要なことや、市史編集室の講座に出席し、原史料に接することによって歴史への関心が深まった経験をふまえて、市民が誇りをもてる施設となることを期待する声などが寄せられている。

理念として体系化されてはいないが、一九九〇年以降、研究史料館が目指すようになった社会に内在化し、市民社会の理解と協力を得て支えられる文書館という方向性が打ち出される素地は、開館当初からあった。しかし、研究史料館が市民のための文書館になるための理念の構築と、実現への歩み始めるまでには開館から一五年近くを要することになる。

二　人を育てる

開館後の研究史料館は、市史編纂事業や尼崎の地域史を中心にした論稿が掲載される『地域史研究』の編纂・刊行を担い、新たに発見された史料の調査・公開や、地域史研究センターとして関係文献の収集に努めた。設置及び管理に関する条令の（一）（二）（四）の使命は十分すぎる程果たしていた。しかし、利用者は一人も来ない日もあるなど少なく、研究史料館の職員も利用者への応対に積極的でなかった。市民のための研究史料館にはなっていなかったのである。それは、市民の関心に応えることよりもアカデミズムの成果と方法を助言・指導していたからであった。結果、一九九〇年代初頭には、庁内で研究史料館の存在自体が疑問視されるようになった。

存立の危機に直面した研究史料館は、業務改革に着手する。新しく館長となった佐藤功氏がリードし、これに職員が協力した。

業務改革は、大きくはレファレンスの重視と、研究者が研究成果を市民に話すだけで終わりがちな還元型とは違う各種講座の開催という二本柱であったが、共通するのは利用者・参加者との対話の重視であり、それが対話を通じて得た知見を業務に生かし、新たな事業に着手するという循環型の活用を生み出すことになった。各種講座の開催は、設置及び管理に関する条令の（五）にあたるが、それが職員・研究者→市民という一方向だけで終わらない普及活動を目指したのである。

こうした業務改革は、職員・市民の双方を育てることになった。以下、辻川敦氏の論稿と御教示をもとにしながら、(15) 業務改革の内容と、その波及効果について、人を育てるという観点から述べていきたい。

1　職員を育てる

業務改革として取り組んだのがレファレンスの重視である。利用者ひとりひとりを大切にし、閲覧調査の方法手順を丁寧にアドバイスすることに職員全員で取り組むことを業務改革の柱としたのである。

この業務改革では、相談業務一件ごとに、利用者の氏名・連絡先・属性・調査項目、応対内容・利用した史料などを記録する「相談業務記録票」の作成を開始した。そもそもは利用実績を把握することに主眼があったようであるが、記録化することによって職員のレファレンスへの意識が高まり、レファレンス力の向上と、記録された情報を職員が共有し不得意分野の知見を学ぶことで、閲覧者への対応も均質化されていったという。行為を記録することの大切さが知られる。

丁寧な対応は利用者を通じて市民の間に広まっていったのであろう。利用者の増加につながるが、それ以上に研究史料館にとって大きかったのは、利用者の目的が多種多様であることが判明したことであった。もちろん研究者による研究論文作成や郷土史への関心による利用もあったが、年金記録やアスベスト被害の確認、住宅建設用地の調査、まちづくり計画のために必要な地域の歴史的特性・歴史遺産の調査等々、現実的な課題に発する調査も少なくなかったのである。

「設置及び管理に関する条令」に「尼崎及び歴史的関連地域に関する史料等を収集」と記されるように、収集の対象は古文書・歴史的公文書といった史料だけに限っていたわけではないが、市民との対話を通じて、多種多様な利用に応えるために、写真・ビラ・ポスター等々の収集・公開も積極的に進めることが確認された。収集・保存の対象を史料から諸資料へも拡げる必要性が自覚化されていったのである。

また、現在を考えるために必要な史料等を意識的に収集していく必要性も認識され、新聞折り込み、営業広告ビラ・チラシ類、公職選挙における候補者ポスター・政策ニュース等々の作成主体との間に史料等提供の関係を構築し、継続的・系統的な収集に努めるようになった。さらに「『現代の史料』を作る」必要性から戦争体験・農業体験・大規模自然災害体験の聞き取り調査や記録資料保存に積極的に取り組んでいる(16)。研究史料館の職員は、尼崎市の未来にとって必要な「史料等を収集」する力を向上させていったのである。

私は、レファレンス重視をはじめ研究史料館の業務改革に共通するのは市民と対話し、それを事業に活かすという循環を重視したことにあると考えるが、それを担える力量が職員になければ実現しない。開館時に市民が期待した「適切な指導ができる職員の養成」には、市民との対話が必要だったのである。それは、マニュアルのない専門職の養成であった。

この点に関わって付言しておきたいのは、レファレンスと、職員の調査・研究は不可分の関係にあり、職員自身が調査・研究を重ねた経験がなければ充実したレファレンスはできないということである。多種多様なレファレンスに応えるには、尼崎市域はもちろんのこと、兵庫県内・大阪府下をはじめ周辺も含めた広い地域史や、各時代の専門研究の動向についても一定の理解をしておかねばならない。レファレンスを求める利用者の多くは、職員は万能の歴史家であると思っており、専門は近世史・近代史だから古代史・中世史のことはわからないなどという理由でレファレンスを回避することなどできないのである。職員は専門医であってもよいが、同時に何でも一定の診断はできる医者でもなければならない。「設置及び管理に関する条令」の（二）と（三）は不可分であり、そうした環境がなければ充実したレファレンスができる専門職員にはなりえない。

加えて、辻川氏によると、レファレンスには利用者とのコミュニケーションをとる能力、利用者から学ぶ謙虚な姿勢が求められ、それは経験を積み重ねることでしか身につかないという。専門研究能力を持ち合わせていれば、親切心があれば誰でもすぐにレファレンスができるというわけではない。充実したレファレンスが行えるようになるには経験の蓄積が必要であり、それは医師・学芸員・教員などのような資格としては認定されていないが、それと同等の高度な専門性をもつ能力である。

「市民のため」の研究史料館を掲げながら、それが本格的に始動しはじめるのに一五年も要したことからは、「必要な助言及び指導を行う」レファレンスを業務の中心とすることが如何に難しいかが知られる。レファレンスとは簡単にできるものではなく、高度な専門性を必要とする業務なのである。

このようにレファレンスの重視は、職員の力量を高めることになったが、二〇一九年四月段階、それをささえるのは正規職員三人、単年度契約の非常勤嘱託七人・臨時職員一人である。レファレンスの経験を積んだ職員の多くは非正規職員であり、レファレンスを継続するには大変危うい態勢である。

2　市民を育てる

業務改革で始められた事業として、「『尼崎市史』を読む会」（以下、読む会と表記）がある。これは業務改革に取組み始めた頃、研究史料館の事業に関わっていた歴史研究者である田辺眞人氏の意見がきっかけになったという。田辺氏の意見は、自治体史は小難しくて読めないし、刊行した自治体も読ませる努力をしていない。読んで欲しいのであれば読みやすく親しみやすい自治体史を刊行するか、読書会ぐらい開くべきだ、というものであった。そこで、読む会が始まったという。

研究史料館が取り組む事業に、(五)講座、研究会、史料展示等の普及活動を行うことが掲げられている。研究成果を市民に発信することや、収蔵品を展示して解説することも必要ではあるが、それは研究者が市民に成果を還元して終了という一方向的な行為で終わることも少なくない、と私は感じている。

研究史料館は展示スペースを確保できないという理由もあったようではあるが、こうした還元型ではない講座、それはレファレンスと同じく、市民との対話を生み出すような講座を模索していった。辻川氏によると、市民講座であると同時に、職員も、その準備や市民との対話から学ぶ場になることを強く意識していたという。

読む会の第一回は一九九四年一〇月に開催された。当初は『尼崎市史』本編をテキストに、職員がレジュメを作り解説し、専門委員をはじめ研究者や専門家を頻繁に講師として招き、内容を充実させる努力を重ねたが、市民との対話という観点からすると、読む会の意義は、毎回質問・感想文用紙を配り回収し、次回、それらの質問に職員が答えた点にある。そして、参加者から世話人会を作り、世話人の企画立案による見学会・特別企画の開催や、講座内容への要望を受け入れるなど、職員⇅市民という双方向性が生まれる対話を重視した。読む会は、参加者の質問に答えるという宿題を課された職員、世話人となって読む会を主体的に運営する市民の双方を育てていったのである。

『市史』を読了すると、この蓄積は後述する「『図説尼崎の歴史』(以下、『図説』と表記)を読む会」へと継承されていった。

辻川氏によると、読む会は、当初の狙い通り職員の資質向上につながり、職員が時代を超えて講師を務めることで、『市史』への理解が深まり、受講者以上に勉強になったという。そして、読む会における市民との対話は、後述するように、専門委員会議における『図説』編纂に向けての議論に大きな影響を与えることになる。

読む会とともに、研究史料館が取り組んだ循環型の事業が、「尼崎の近世古文書を楽しむ会」（以下、楽しむ会と表記）である。

楽しむ会は、利用者・市民からの古文書が読めるようになりたいという要望をうけて始められたもので、一九九六年に四回シリーズの入門講座が実施された。その後は、受講者有志の自主グループとして続けられている。会場は研究史料館であり、解読に習熟した市民がボランティアとして講師を務め、会当日は会員が予習してきた解読結果を報告し、学習するというスタイルである。習熟度に応じてクラスが分かれており、講師が指導し教える傾向が強いクラス、相互学習するクラスとさまざまであり、クラスのあり方は講師と会員に任されている。研究史料館はテキスト選定に協力したり、会員だけでは解決できない疑問点などを調べて回答するなどのサポートを担っている。

テキストは講師および会員が自主的に決めているが、研究史料館が解読を希望する史料をテキストとし、会員はその解読文を研究史料館に提供することもある。会員には、研究史料館を会場とし、職員から種々のアドバイスをうけて勉強させてもらうのだから、研究史料館に貢献したいという意識が生まれているという。

読む会・楽しむ会の会員は、歴史に関心があり、歴史を学びたいという市民である。そして、学習の成果を生かして社会貢献したいという希望をもつ会員も少なくない。こうした会員は、史料整理ボランティアをはじめ研究史料館の事業に積極的に参加するようになった。研究史料館も写真整理、古文書目録作成の補助、各種データベース入力などいつくかのメニューを用意し、ボランティアを募っている。このうち古文書整理は一定の経験・知識を必要とするため、楽しむ会の会員限定で募られている。楽しむ会で育った市民が、研究史料館の事業を支えているのである。また、市内外の歴史を活かしたまちづくり活動を担ったり、調査・研究を進め、その成果を研究史料館に提供する会員も少なくない。これらは、開館にあたって北規矩哉氏が期待した行政に頼るだけでなく、市民も研究史料館を応援し、支える努力が、具体化したものといえよう(17)。

読む会と楽しむ会に対する研究史料館の関わり方は異なるが、共通するのはレファレンスと同じく丁寧な対応である。市民の些細な疑問も放置することなく答える。自主運営をサポートする。職員にとっては時間も労力も要する業務であろうが、そこで生まれる市民との対話が職員だけでなく、歴史に関心を持ち、研究史料館を支える市民を育てたのである。

市民を育てた成果は、研究史料館が刊行する『地域史研究』にも反映されている。

『地域史研究』は、『市史』本編・別冊の刊行が終了していた一九七一年一〇月に創刊された。市史編集総括専門委員の八木哲浩氏は、本編刊行後に『地域史研究』が企画されたことは、今後永く地域研究を続け、深めていくことを目指すという宣言であり、意義深い事業であると評価し、『市史』で十分展開できなかった事柄が個別研究として深められたり、現実の地域社会についての問題意識から出発した歴史研究が地道に行われることを期待している。また市長の篠田隆義氏も、外来世帯が多い市の特性をふまえ、歴史資料の破壊・散逸を防ぎ、住民の歴史認識が高まるような雑誌になることを期

待している。(18)

ともに『地域史研究』が研究史料館の主要な事業となることに期待を寄せているが、創刊号以降の執筆者の多くは、研究者か、職員であった。研究史料館を利用していた市民は読者ではあっても書き手になることはほとんどなかった。それは、執筆者となる市民を育てることもなく、またそうした意欲を持つ市民を発掘する努力が欠けていたからであろう。

これと比較すると近年の誌面は隔世の感がある。二〇一八年一一月刊行の一一八号の執筆者は、大学院生、資料撮影ボランティア、大学教員、小学校教諭、高校生、尼崎郷土史研究会会員等々、実に多彩である。内容も尼崎城下絵図の作成目的を検討したもの、襖の下張り剝がし作業で得られた史料から明治中期における尼崎経済を検討したもの、地域歴史遺産を地域コミュニティの再生に役立てようとするもの等々、尼崎の地域史研究の成果が記され、論文としての水準も保たれている。こうした市民の論文執筆・掲載にあたっては、職員の丁寧なサポートがなされている。

研究やボランティアの成果が発表できる『地域史研究』という雑誌があることは、市民の調査・研究へのモチベーションを高め、市民を育てることにつながっている。執筆者を探し、執筆の機会を提供し、そのサポートを通じて、執筆者も、職員も成長する。『地域史研究』は、職員と市民の双方を育てる場となっている。

三　循環型とつながる刊行物の編纂

多くの自治体では編纂が終わると組織は解散し、調査・収集した史料の行方が不明なことさえある。しかし尼崎市は、研究史料館という歴史文化事業を継続して担う拠点を設立したことで、『市史』編纂後も先駆的な事業に取り組んでいった。

その最初が、一九八五年に刊行された『尼崎の地名』である。本書は、渡辺久雄氏・八木哲浩氏等専門委員や館長小野寺逸也氏の歴史地理を重視する考え方や、市の都市計画・住居表示部門から住居表示経緯やそれ以前の大字小字の記録・保存を求める声が編纂をスタートさせる力となった(19)。研究者・研究史料館職員と、市の現場の声が融合した事業であった。

『尼崎市史』一〇巻にも小字名が記録されているが、本書はその後に蓄積した記録を活用し、尼崎の地名研究の基礎データを公開した。史料の読解で苦戦することが多い地名の情報が小字単位で公開されたことは、尼崎の地域史研究の財産となっている。

続いて刊行されたのが、市域の歴史に関わる事項・事件・人名・地名等一三四六項目を採り上げた『尼崎地域史事典』である。一九九六年に刊行された同書は、その後補訂され、掲載項目も拡充したウェブ版尼崎地域史事典〝アペディア〟として公開されている。

私はこの『尼崎地域史事典』刊行後、専門委員に就いたが、最初の専門委員会議では索引がないことへの反省と対応が議題であったと記憶している。刊行すれば御仕舞ではなく、また課題をあげるだけでなく、課題を整理して以後の業務に活かしていくという姿勢は以後の専門委員会議にも継承されており、研究史料館の業務を活性化させる力になっている。専門委員会議においても、業務の遂行↓問題の発見と改善の準備↓新しい業務の取組が繰り返され、循環させる努力が続けられている。〃アペディア〃の公開も、専門委員会議で議論された索引不備への対応がひとつの要因である。

『市史』・『尼崎の地名』・『尼崎地域史事典』の編纂・刊行にあたっても「市民のため」は意識されていたが、市制九〇周年を記念する新市史として二〇〇七年に刊行された『図説』の編纂では、レファレンスの重視によって、市民は『市史』では叙述されていないテーマへの関心が高いことや、自分たちの疑問を解き明かすためにはどういう史料を読めば良いのかを考えていることなどが判明したことをふまえ、「市民のため」の編纂がこれまで以上に強く意識された。

『図説』では、『市史』では叙述されなかった生活史に光を当てたが、これなどはレファレンス重視の産物である。近世の百姓はどのような衣服・道具類を財産としていたのか。どのような人生を辿ったのか。こうした市民の関心に応えるにはどういう史料を読み解けば良いのか。『図説』のための専門委員会議では、レファレンスの蓄積や、『地域史研究』の成果をふまえ、どういうテーマを採り上げ、どういう構成にするかが何度も議論された[20]。

『市史』・『尼崎の地名』・『尼崎地域史事典』は先駆的な事業であったが、そこで考えられていた「市民のため」とは還元的なものであり、刊行後の市民の活用は視野に十分に入っていなかったと思われる。「市民のため」を強く意識した『図説』の編纂によって『尼崎志』にはじまる尼崎市の市史編纂は、新しい段階に入ったといえる。

『図説』は、序説・古代編・中世編・近世編・近代編・現代編の六編で構成し、序説以外の各編は二〜四節に分かれる。

近世編を例にすると、近世編は四節で構成され、第一節「幕藩体制の成立と尼崎」は九項目からなる。1「織豊期の尼崎　戦乱から平和」では、市域に残される禁制・太閤検地帳・秀吉朱印状などから、戦国時代から近世初頭への転換について中央政治の動向をふまえながら市域に即して叙述される。そして2「幕藩体制における尼崎」、3「大坂の西の守り・尼崎藩」では、近世における尼崎市域の政治的位置付けを幕府の政治的・軍事的拠点である大坂と関係づけながら叙述し、4等以下では一七世紀の市域の町村の実態を諸史料を用いて叙述した。政治の動きや地域内外の社会背景と、地域での事象を連関させて、その時代の特質が理解できるような構成を心掛けた。

各項目は、統一権力・幕府の政治にも目配りしながら叙述されるが、どうしても市域の事例に紙幅が割かれる。そこで市域の事例がその時代の大きな流れとどう関係しているのか、またどう位置付けられるのかを考えるため、各節の冒頭に「この節を理解するために」を設けた。それは、市民の利用者が増え、貴重な調査・研究成果が生み出される一方で、個別事例を時代の大きな流れのなかで理解するという営みが弱いと感じられたからである。もちろん、市民の調査・研究がそうあるべきだということではないが、まちづくりや市民運動にはそうした視点も不可欠だと考えたからである。

『図説』は市民にも執筆に加わっていただき、市民の研究成果も利用した。近世編における前者の例は、第三節「側室・澤田すめ」、後者の例は第一節「城と城下町」で図版として用いた「中在家町復元図」などである。[21] また、研究者が執筆した原稿について、執筆者と市民・関係者が議論しながら原稿を加筆修正する場も設けられた。これは近現代の一部の原稿に止まったが、こうしたことができたのも、研究史料館が常日頃から業務を支えてくれる市民を育て、ネットワークをつくっていたからである。また、『図説』は図版の作成・編集あわせてほぼ研究史料館の手作りである。限られた時間と予算の中で職員が総掛かりで編集に携わった。

『図説』刊行と並行して、二〇〇六年九月二九日から一〇月二二日まで、研究史料館が入る総合文化センターで教育委員会社会教育部歴博・文化財担当、神戸大学文学部地域連携センターと協議を重ね、尼崎の歴史展を開催した。多数の市民ボランティアも参加し、市民による展示コーナーも設けられた(22)。研究史料館のネットワークは、確実に広がっている。

『図説』は、身近なテーマが採り上げられていたこと、カラー図版が楽しめたこと、二～四頁の短編構成であったことなどによって、広く市民の目に留まり、好評を博し、増刷された。現在はウェブ公開され、広く利用に供されているが、それは完売したための対応というよりも、より広く活用されるための手段として専門委員会議では刊行前から議論されていたことであった。

『図説』は、読者として「読んで活用してくれる」市民を想定し、叙述・図版には、なるべく研究史料館で収集・保存・公開されている史料を用いた。それは関心を持った読者が追検証できることと、他の目的で図版の原史料等を利用できるようにしたかったからである。しかし、『図説』に刺激を受けて、同じようなテーマの調査・研究に挑戦するというような活用の広がりは十分にみられなかった。期待していた教育現場での活用も広がらなかった。「読む会」のテキストになることで「読んで」の目的は達成できたと思われるが、「活用してくれる」面での成果は十分ではなかった。

では、「活用してくれる」市民を育てるには何が必要か。そこで、次に取り組んだのが市制一〇〇周年記念事業として刊行された『たどる調べる尼崎の歴史』上・下巻（以下、『たどる調べる』と表記）である。[23]

『たどる調べる』は、第Ⅰ部グラビア・バーチャル・ツアー「尼崎の歴史資料・文化財」、第Ⅱ部尼崎市クロニクル「一〇〇年のあゆみ」、第Ⅲ部ガイダンス「調べる尼崎の歴史」からなる。

第Ⅰ部では田能遺跡出土の管玉・勾玉・ガラス玉をはじめ市域を代表する文化財が写真・解説文で紹介される。第Ⅱ部は原始・古代から現代までの市域の年表で、一九一六年の市制施行以降は一年ごとの年表になっている。

『たどる調べる』の三分の二を占めるのが第Ⅲ部である。第Ⅲ部は地理・地形、古代、中世、近世、近代、現代の六章からなり、各章は入門編・史料編・実践編からなる。各章ごとの違いはあるが、入門編では先行研究の紹介・解説、史料編では各時代・分野に残される史料の解説、そして実践編では史料を読む営みについて、先行研究論文などを用いながら解説する。史料の探し方、読み方、分析の仕方と、本書は、歴史学を学ぶ大学生に行われる卒論指導を紙上で行ったともいえる。

『たどる調べる』は、調査者が歴史を解き明かす際のお手本になると評される一方で、[24]刊行の目的に対する疑問も出された。[25]それは、本書が前提とするのは、歴史の調査・研究には先行研究の把握・理解が不可欠であるというアカデミズムの手法を市民にも強要するものであり、市民の関心を制限することになる。市民が提起した問いや課題をアカデミズムの研究者が真摯にうけとめ考え続けることで、研究者も視野を拓かされ、市民と職業的歴史家が互いの立場を尊重しながら新しい「歴史実践」

を生み出していくという研究者と市民の「相互行為」を損なうことになるという厳しい批判もあった(26)。市民からは「おもしろくない」「おせっかい」とまで酷評された(27)。

こうした批判は『たどる調べる』だけへの批判としては受け止めるべき点もあり、今後の事業に活かす必要があろうが、これまで述べてきた刊行までの経緯と、研究史料館の事業全体のなかで、改めて刊行の意図を説明しておきたい。

研究史料館はレファレンスを重視するようになって以降、市民と対話し、いち早く「相互行為」の重要性に気付いていたし、『地域史研究』掲載の市民の論稿や『図説』は、その成果である。また、『たどる調べる』刊行後も、歴史の調査・研究とはこういう手順で行うべきものですというようなレファレンスは決して行っていない。『たどる調べる』はレファレンスでは限界があり、また『図説』では達成できなかった調査・研究のすそ野を広げるにはどうすれば良いのかを考えた結果、刊行したものである。レファレンスを重視することで研究史料館は循環型へと舵を切ったが、循環を一層活性化させ、研究史料館が活用される領域を広げるには何が不足しているのか。それは歴史研究者と同じ土俵にあがって歴史研究を行う、あるいはアカデミズムの研究手法を知ることでアカデミズムの歴史学を批判し、尼崎市の現在・未来を展望できるような市民であると考えたからである。この点では、先の批判と問題意識は共有していたつもりである。

これに加えて、専門委員会議では、歴史学が重大な危機に直面していることが議論された。研究史料館の利用者が多様なように、歴史学には多くの市民が関わることができる。自由な発想で調査・研究すれば良いいし、アカデミズムの研究史に縛られる必要もない。『地域史研究』では、専門研究に縛られない市民の研究成果を積極的に掲載してきた。他方で史料に基づくことなく、専門研究者ではないことを理由に、研究史を軽視し、史料を自分勝手に解釈し、夢物語を事実のように叙述するような風潮が生み出されているのではないか。歴史学研究の蓄積が軽視されているという危機感もあった。「地域の歴史を住民のものに、歴史学を市民のものに」することは、険しい道のりである。

おわりに――それでも危機はやってくる

本章では、研究史料館が取り組んできた事業を整理し、「市民のため」を理念に掲げ設立された研究史料館が、アカデミズムの研究成果・方法の市民への還元が事業の中心であった時代を経て、一九九〇年代初頭以降、市民との対話に支えられた循環型の事業に存在意義を見出し、尼崎市独自の文書館を確立していったことを述べてきた。

その中核となったのがレファレンスであり、それは研究史料館の利用目的が多種多様であることを職員に気付かせ、それを事業に反映させていくことで、研究史料館が市民に活用される領域を広げ、まちづくりをはじめ地域社会の諸活動に主体的に関わる市民を育て、その活動を支援・協力していくことになった。

一例をあげておこう。戦後の尼崎市は戦災復興のため工場誘致・拡充を進めた結果、大気汚染・騒音・水質汚濁などの公害問題を招き、市民による公害反対運動・訴訟が起こされた。その一つである尼崎大気汚染公害訴訟における公害患者と企業との和解金を活用し、公害の現場となった尼崎市南部地域のイメージアップ・再生に取り組む尼崎南部再生研究室は、情報誌として『南部再生』を発行している。[28]各号では「尼崎公害ってなんですか」「尼いも復活」「町内会の世界」「尼とパン」等々の特集が組まれ、地域の歴史や現在の姿を発信している。「市史に記されることのない、貴重な路地裏と市民の歴史」が掘り起こされることもしばしばであるが、[29]記事には『図説』掲載の地図が利用されることもある。記事にするための調査で研究史料館が活用されることも多く、歴史を調査していて困ったときの「歴史の駈け込み寺」、研究史料館から情報を提供されたときは「史料館万歳」などと評されている。[30]職員が執筆することもある。[31]こうしたまちづくりに関わる市民・庁内からの相談、出講をはじめとした協力は年々増加しており、研究史料館は市民に認知されるようになった。[32]

公害に関わった団体の運動・裁判資料も受け入れている。公害対策に関する歴史的公文書と、運動・裁判資料が一つの施設で保存・公開されることで、尼崎の公害を多面的に考えることができる。私の経験から言うと、所蔵者が家に代々伝わってきた史料や、運動・裁判に関わった団体・個人などが関係史料を寄贈・寄託するとき、安心して託すことができるという信頼がなければ実現しない。この点においても研究史料館は市民に認知されていると言ってよい。

野草平十郎氏は、史料が散逸の危機にさらされている現状において、尼崎市が研究史料館を拠点に現在だけでなく後世に対する責任を果たしていくことを求めた。これまで述べてきたように研究史料館は、その期待に応える施設となった。レファレンスができる、現代の記録化ができる、といった職員の専門性は、資格の裏付けこそないが、研究史料館という場で実践された尼崎市独自の専門職員の養成を経て職員が獲得していったものである。研究者や一部の歴史ファンのためのものではなく、市民・企業・庁内部署などが利用する施設となり、地域社会・行政の重要課題の取組みにも役立っている研究史料館は市民の財産となった。四五年かけて「市民のための」研究史料館になったのである。

ここまで長々と研究史料館の設立経緯や事業を述べてきたのは、専門委員として研究史料館の事業を宣伝するためでもなければ、仲間ぼめするためでもない。改めて研究史料館の事業を整理し、これまで以上に認知されるための努力を重ねる必要があると考えた理由は大きく二つある。

ひとつは研究史料館の事業は、先述した「相互行為」に同じであろうが、それをある地域で持続させていくにはどうすればよいか。稼ぐことができる文化財の活用が強要されようとする現在、それとは違う研究史料館の歩みを通じて、文化財保存・活用の意味と持続性を考えることができると思う。研究史料館のような環境になくとも、その歩みと事業は、各地の自治体における文化財保存・活用のあり方に、なにがしかの手がかりを与えると考えている。そして、市民が文化財保存・活用の担い手となるには長い時間がかかり、行政にもそれを支援する覚悟が求められる。

もうひとつは、このような重要な役割を果たしてきた研究史料館であっても、その存立基盤は盤石ではなく、いつ存立の危機にさらされるかもしれないという危機感があるからである。

近年の観光を重視する文化財の活用は、文化財を商品化し、人を集め稼げる文化財への注目を強める。人を集め稼げる「優品」を観せることが歴史文化事業の中心課題になったとき、研究史料館が保存・公開してきた史料等は文化財の周縁に追いやられるかも知れない。利用人数をはじめ経済効果に直結しない活用の効果を訴えていかねばならない。

幸い尼崎市の歴代市長をはじめ市当局は、研究史料館が市民が誇るべき財産であることを認識し、その事業に理解があるが、[33]これからも継承される保証はない。観光によるまちの活性化は、公文書と地域史料を一つの機関で保存・公開し、四五年をかけてレファレンスの専門性を備えた職員を養成し、市民との間に築き上げてきた信頼関係等々、市と市民の財産を一瞬に吹き飛ばすような力をもっている。観光による集客のための文化財の商品化は、日本を代表する文書館となった研究史料館の立場でさえ危うくさせる程の強風だと、私は認識している。

最後に一言。人を育てるという点では、私も利用者として、また専門委員として諸事業に関わることで研究史料館に育ててもらった一人である。歴史研究ができる社会貢献は、人材を育てる場を作り出し、その手助けをし、御互いに育て、育てられることだというのが、私が研究史料館の事業に関わるなかで学んだことである。もちろん市史をはじめ刊行物を執筆・編纂することや、還元型の講演も社会貢献ではあるが、その行為が人を育てる場・機会となり、文書館・博物館など歴史文化施設が市民に活用されるような仕組を考え続けなければならない。研究史料館において、「地域の歴史を住民のものに、歴史学を市民のものに」する努力が続けられることを願っている。

注

（1）尼崎市とその関連地域の歴史に関する事典「apedia（アペディア）」（http://www.archives.city.amagasaki.hyogo.jp/apedia/）の「尼崎市立地域研究史料館」による。

（2）平成二九年度「尼崎市立地域研究史料館事業要覧」資料編。

（3）「尼崎市立地域研究史料館の設置について」（『地域史研究』九号、一九七四年）。『地域史研究』の一〇四号以降は、研究史料館のウェブサイトで公開されている（www.archives.city.amagasaki.hyogo.jp/publishing/）。
（4）河野裕「市民とともに、地域研究史料館」（『地域史研究』一三号、一九七五年）
（5）辻川敦「日本における『市民文書館』の理念と実践」（『地域史研究』一一二号、二〇一二年）
（6）辻川敦氏のご教示による。
（7）前掲（5）辻川論文。『たどる調べる尼崎の歴史』上巻（二〇一六年）第Ⅲ部総論「尼崎市の歴史編さん事業」
（8）『尼崎志』は、国立国会図書館オンライン閲覧で公開されている。また、『尼崎志』の編纂経緯や編纂に関わった永尾利三郎については、羽間美智子「宗斤・永尾利三郎と尼崎」Ⅰ～Ⅳ（尼崎市郷土史研究会々報『みちしるべ』第二四～二七号、一九九六～一九九九年）に詳しい。
（9）稿本は、尼崎市立地域研究史料館で閲覧できる。
（10）市史編纂の過程は、『尼崎市史』第一三巻（一九八八年）「尼崎市史編集事業経過」に詳しい。
（11）辻川敦氏のご教示による。
（12）『尼崎市史編集資料目録集』は、尼崎市立地域研究史料館で閲覧できる。
（13）前掲注（3）。
（14）以下、諸氏の論稿は、『地域史研究』九号（一九七四年）に掲載されている。
（15）前掲（5）辻川論文。
（16）『たどる調べる尼崎の歴史』下巻（二〇一六年）、第Ⅲ部第六章第二節「民間所在史料」
（17）『地域史研究』九二号（二〇〇一年）では、特集「史料館を利用する、史料館でボランティア」が組まれ、研究史料館の事業に関わる市民の座談会が記録されている。

(18)「創刊を祝う」(『地域史研究』創刊号、一九七一年)
(19)辻川敦氏の御教示による。
(20)『地域史研究』八一号(一九九八年)では、特集「新『尼崎市史』の編さんに向けて」が組まれ、図説の事業計画が記されている。また、拙稿「『図説尼崎の歴史』に学ぶ地域の歴史」(『地域史研究』一〇五号)でも、編纂をめぐる議論の経過や刊行意図について述べている。
(21)中在家町絵図復元グループ「中在家町町並み絵図の復元」(『地域史研究』九二号、二〇〇一年)
(22)「平成一八年度地域研究史料館事業報告」(『地域史研究』一〇五号、二〇〇八年)。展示では神戸大学大学院人文学研究科地域連携センターの協力も得、また、子供向けワークショップも開催された。詳細は、(『歴史文化に基礎をおいた地域社会形成のための自治体等との連携事業(5)』、神戸大学文学部、二〇〇七年)、神戸大学大学院人文学研究科地域連携センター「尼崎市制九〇周年記念「尼崎の歴史展」協力企画子ども向けワークショップ「尼崎の土地の成り立ちと歴史を学ぶ」(『地域史研究』一〇四号、二〇〇七年)を参照。
(23)編纂の経過・刊行意図については、二〇一六年一二月に開催されたシンポジウム「市制一〇〇周年記念の新『尼崎市史』ってどんな本?」の記録(『地域史研究』一一七号、二〇一七年)、辻川敦「尼崎市制一〇〇周年記念新「尼崎市史」—『たどる調べる尼崎の歴史』の刊行—」(神戸史学会『歴史と神戸』五五巻六号、二〇一六年)に詳しい。
(24)荒武賢一朗「市史のつくり方—深化する尼崎の歴史—」(『地域史研究』一一七号、二〇一七年)
(25)人見佐知子「『新市史』を通して考える—自治体史をめぐる歴史実践」(『地域史研究』一一七号、二〇一七年)
(26)「相互行為」については、大門正克ほか編『「生存」の東北史—歴史から問う3・11—』(大月書店、二〇一三年)

(27) 上村武男「自分史と地域史がクロスする場所―尼崎の『新市史』を読みながら―」(神戸史学会『歴史と神戸』五五巻六号、二〇一六年)。
(28) 『南部再生』については、http://www.amaken.jp/に詳しい。
(29) 秋山惣一郎「尼崎キャバレー野球団」(『南部再生』六一号、二〇一九年)
(30) 桂山智哉・畠中佳子「金楽寺町に鳥取砂丘への入口があった」(『南部再生』五九号、二〇一九年)
(31) 「尼崎平成事件簿」で、辻川敦氏が「尼崎の『平成』ってどんな時代だったんですか」に応え、尼崎の平成三代トピックについて述べている。
(32) 平成三〇年度の相談利用数は一九九四件(二三三〇人)。講座・展示・調査・出版への企画立案・実施協力・史料提供等を日常的に実施する他、市民団体・研究機関等との協働・連携は、歴史講座・研修会等への出講が六五件八二回に及んでいる。
(33) 稲村和美市長と地域研究史料館専門委員の対談記録である「『図説尼崎の歴史』から『たどる調べる尼崎の歴史』へ―市制一〇〇周年を記念する新「尼崎市史」―」(『地域史研究』一一六号、二〇一七年)において、稲村市長は、『図説』・『たどる調べる』を市民と専門委員・職員の双方向の営みの積み重ねの成果と評価した上で、通常、人事異動を繰り返す市役所において、研究史料館のスタッフが実質的な専門職として、継続性をもって諸事業に取り組んできたことを市役所の貴重な事例であると述べている。

復権する神話

第六章　文化財と政治の近現代

高木博志

はじめに

今日、「活用」の美名のもとに、学問や文化財の商品化、観光化がすすんでいる。

二〇一九年四月に文化財保護法の改正法が施行された。すでに二〇一七年九月二〇日、日本歴史学協会の「文化財保護法の改定に対し、より慎重な議論を求める声明」で指摘されていたように、文化財保護法の改正は、二〇一六年三月の「明日の日本を支える観光ビジョン構想会議」による、「「文化財」を、「保存優先」から観光客目線での「理解促進」、そして「活用」」する提言をうけたものであった。文化財について、経済的な効率を優先し、儲かるかどうかで価値づけされ、保護という基本がないがしろにされる。そうした「地域の文化・教育」にとって必要な文化財の保護が十分になされない危惧を、声明では表明された。

また文化庁が検討している「先進美術館（リーディング・ミュージアム）」構想では、「美術作品の売買を行うことで市場活性化をはかる」とされる。これに対して、美術関係者からは、本来、博物館法で定められた美術館・博物館の目的は、「国民の教育、学術及び文化の発展に寄与すること」にあり、「美術館はすべての人々に開かれた非営利の社会教育機関である」との批判が殺到している。(1)

大学の学問においても、中長期的な基礎研究を支える運営費交付金は削減され、理系中心の英語論文を至上とし、大学ランキングにおもねった競争的資金が求められ、短期的な成果が求められている。しかも文教予算全体のパイは変わらないままである。二一世紀に入ってから大学の予算総額が伸びない日本のゆがみは、世界の先進国でも特異である。京都でも多くの大学で、観光言説（貴族文化、もてなしの文化、雅な美術工芸など）におもねった、京都の文化や歴史の市民講座が大流行である。

またデービッド・アトキンソン氏（小西美術工藝社代表取締役社長）は、国際観光都市・京都は、中国・台湾から来た伝統文化に関心の低い観光客ではなく、「文化財」に関心のある欧米の「お金を落とす人たち」をターゲットにすべきとする。伝統文化や歴史建造物などに理解を示すのは、欧米の「成熟した旅行者」であるとの視線である。(2) アトキンソン氏は、文化庁が進める日本遺産の審査委員も務める。

こうした文化財や学問の商品化や観光化は、二〇一九年七月に「仁徳天皇陵古墳」「応神天皇陵古墳」という呼称で世界遺産に登録されたことにもかかわる。倭の五王の一人の墓に過ぎない大山古墳（現・仁徳天皇陵）を、世界遺産登録優先、観光・地域振興のもとに、文化庁が宮内庁に「忖度《そんたく》」し「仁徳天皇陵古墳」という名称で、百舌鳥・古市古墳群を世界遺産に登録した（図1）。戦後歴史学や考古学においては古事記（七一二年）・日本書紀（七二〇年）を相対化してきたが、戦後の学知の否定も、こうした時代潮流のなかに位置づけられるだろう。

本章の主題である文化財と政治をめぐっては、まず世界遺産をめぐる政治性から考えたい。

そもそも世界遺産とは、近代に国境が引かれた国民国家が世界遺産を競うナショナリズムの表現である。一九七二年にユネスコが「世界の文化遺産及び自然遺産の保護に関する条約」を締結した際、当初、文化遺産のみを対象としたユネスコの原案に対して、ギリシャ・ローマ的な価値の文化遺産を有さないアメリカは、ニクソン大統領がイエローストーンなどの国立公園概念を拡大化した自然遺産のカテゴリーを加えた。[3] また近代の国境で分断された「古代の高句麗」は、二〇〇四年に「高句麗古墳群」（北朝鮮）と、「高句麗前期の都城と古墳」（中華人民共和国）との、二カ国それぞれに登録されたことは印象的である。日本は一九九二年と、遅くに世界遺産条約を締結した。日本の世界遺産の政治

図1　大山古墳（現・仁徳天皇陵）（堺市提供）

性について考えてみると、一九九三年に最初に登録された法隆寺は、岡倉天心以来の説明では仏教伝来を「文明」のはじまりとするものであったし、姫路城は、歴史都市として全国に多く存在する城下町のなかで、国宝天守閣の雄である。そしてブルーノ・タウトにより「日本美の再発見」として世界に紹介された白川郷と五箇山の合掌造集落（一九九五年）や、負の遺産としての原爆ドームと厳島神社（一九九六年）にも独自の意味がある。かつて天皇の都であった古都京都は一九九四年に登録となった。しかし修学院離宮や京都御所などの皇室用財産が世界遺産から外れたことの批判を受けて、一九九八年の「古都奈良の文化財」では、皇

室用財産の正倉院正倉は、文化財保護法の国宝指定の上、世界遺産登録となった。「琉球王国のグスク及び関連遺産群」(二〇〇〇年)が登録されるのも辺境への目配りである。そして文化庁からの推薦ではなく内閣府主導で、二〇一四年「富岡製糸場と絹産業遺産群」、二〇一五年「明治日本の産業革命遺産――製鉄・製鋼、造船、石炭産業」が、一九六〇年代前半のエドウィン・ライシャワーやウォルト・ロストウを彷彿とするバラ色の近代化論そのままの意義づけで登録された。さらに大阪府には世界遺産がないからと喧伝され、百舌鳥・古市古墳群を、古都奈良の正倉院正倉の文化財保護法の適用とは対局に、国有財産のなかの皇室用財産である陵墓を史跡指定しない形で、古事記・日本書紀への批判を欠いた「仁徳天皇陵古墳」呼称で、登録されるに至った。

百舌鳥・古市古墳群の世界遺産登録は、天皇陵の治定の根拠が一九世紀の学知に基づき、その結果としての歴代天皇陵が一八八九年までに決定、固定化し、今回の「仁徳天皇陵古墳」としての呼称につながったものである。まさに近代天皇制と文化財をめぐる課題である。したがって、なぜ南朝史跡である大阪府島本町の桜井駅は、戦後も史跡指定を解除されないのか。戦前そのままに『太平記』の物語を相対化しないのか。あるいは紀元二千六百年紀念事業そのままに「神武東征」を日本遺産に登録しようとする動きが、近年噴出するのか。これらは「史実と神話」の未分離という同根の問題群である。戦後の社会科改革の核心は、「史実と神話」の腑分けにあったはずなのに、再び、二一世紀に、戦後改革の歴史認識が問われている。

本稿では、明治維新から近代日本を通じた「文化財と政治」をめぐる歴史的経緯をたどることにより、現代につながるその問題の淵源と課題を考えてゆきたい。

一　明治維新と文化財

一八六八年の神仏分離・廃仏毀釈は地方的な展開のあり様に強弱の差異をもちながらも、時代思潮としては仏教を中心とする「伝統文化」が否定された。そして文明開化が進行した。一八七一年正月の上知令は寺社の領地を政府に返還するもので、その経済に大きな打撃を与え宝物の流出を促した。こうした反省のもとに、一八七一年五月の古器旧物保存の太政官布告がだされ、翌年に壬申の宝物調査が町田久成や内田正雄によって行われた[4]。府県からの申達に基づき、はじめて行われた宝物調査では、正倉院宝庫が開封され、皇室の私的な宝物も調査された。しかし明治初年は全体として殖産興業優先の文化財行政であり、博覧会などの宝物展示が重視された。壬申（一八七二年）の宝物調査も象徴的な社寺とその宝物が対象であり、文化財保護の政策は系統的には、いまだ着手されなかった。

社寺宝物の保存に向けての大きな動きは、立憲制に向けての一八八〇年代の「旧慣」保存政策の展開にある。一八七七年の明治天皇の京都・奈良行幸ののち、一八七八年に法隆寺献納宝物が皇室にもたらされたが、これが近代「御物」概念を生むことになる。近世の皇室にほとんど私的宝物がないなかで、外からまとまった三二二点もの献納宝物がもたらされたことが大きな契機となった。東山御物《ごもつ》や大名の御物といった唐物や茶器の語意ではなく、天皇の私的宝物としての「御物」の語意が登場してゆくこととなる。この一八七八年には工部画学校のフォンタネージの帰国と入れ替わりに、アーネスト・フェノロサが来日するが、まさに岡倉天心とともに「日本文化」を発見する時代背景が整ってきた。なぜなら立憲制に向けて、近代・文明の憲法・軍隊・教育など諸制度とともに、文化財や美術や歴史といった固有の「伝統文化」が「一等国」には不可欠との認識が、欧米列強を視察する中で政治家や学者の中に広まったのである。

かくして一八八九年二月一一日に、アジアで最初の憲法である大日本帝国憲法がこけら落としされた明治宮殿で発布された。文明の装置としての憲法は、同時に宮中三殿で天照大神をはじめとする皇室の祖先との盟約のうえで成り立つが、「万世一系」の神話世界は、同年六月三日に、一二〇代を超えるすべての天皇陵を確定することとセットであった。伊藤博文は、条約改正に対応して、「国体の精華を中外に発揚」するために、歴代天皇陵の治定が必要と宣言した。文明の国民国家には、同時に固有の神話的世界が不可欠であった(5)。

一八八九年の大日本帝国憲法は、憲法という制度の出発であるが、同時に美術史研究の中で、「美術の制度化」が始まる契機であるとここ三〇年間の研究に位置づけられてきた(6)。

一八八〇年代には、皇室が文化財の保護者として立ち現れる。政治主導したのが、一八八二年にプロシア憲法調査のために渡欧し、帰国後の一八八四年に宮内卿、一八八五年に内閣制度を創設し自ら初代総理大臣になった伊藤博文である。伊藤のもと、一八八六年三月に博物館は農商務省から宮内省に移管するが、それは正倉院御物の管理の宮内省移管と連動していた。ここに殖産興業に従属した文化財行政から、文化財や美術が独自の価値をもって自立しはじめ、ナショナリズムの表象となっていく。美術は、芸術一般から絵画・彫刻・工芸・書などを指す今日の語意へと変化していく。

一八九〇年五月に、東京の帝国博物館、帝国京都博物館(一八九五年竣工)、帝国奈良博物館(一八

九四年竣工）が設置された。宮内省管轄の帝国博物館の発足により、皇室による文化の保護という性格が生まれる。イギリス流の立憲君主制構想として、福澤諭吉の「帝室論」（一八八八年）において、「栄誉の源泉」である皇室が、文化（書画・彫刻・挿花・茶の湯・薫香・蒔絵塗物・織物染物・陶器銅器など）の保存に努めることを説いたが、時代が要請する思潮であった。

東京美術学校の開校にあたり、フェノロサとともに一八八六年一〇月から翌年にかけて一年間、欧米視察した岡倉天心は、ヴェネチア・ローマ・フィレンツェも訪ねている。帰国後、天心は一八九〇年には二七歳で東京美術学校校長となった(7)。ここにいわばギリシャ・ローマからはじまる文明の伝播という欧米列強の歴史の文法に日本も参入する。

フェノロサ・岡倉天心らのアメリカ・スペイン・オーストリア・ドイツ・イギリスの欧米視察では、「ヨーロッパ美術の史的発展」「絵画・彫刻学校」「政府美術行政」「建築」などを調査した(8)。

帰国後の一八八八年六月五日に、奈良の浄教寺でフェノロサは「奈良ノ諸君ニ告グ」の演説を行った。ローマでの「古物ノ探求」の経験を踏まえて、奈良は「日本ノ羅馬《ローマ》」とする。ギリシャ美術がアレクサンダー大王の東征をへて「文明ノ種子」がインド・中国・朝鮮から日本に伝わったことは、「銅像彫刻」や正倉院の宝物から明らかとする(9)。

洋行体験を踏まえた岡倉天心の古都像は、同年八月一九日に京都において「博物館に就て(10)」の演説よりうかがえる。「奈良にて天平以後弘法以前の博物館とし、日本の最古物を集め以て羅馬に比すべく、東京にては徳川美術の粋を集め亜細亜の物品を蒐集して以て英京倫敦《ロンドン》を摸し、京都は金岡以後応挙に至るの時代を集めて以て仏京巴里に擬して三館鼎峙」の博物館体制となった。奈良はローマ、東京は大英博物館のロンドン、京都はルーブル美術館のパリに擬すイメージである。

一八八八年から一八九七年にかけて行われた臨時全国宝物調査では、全国で二一万点を越える宝物を網羅的に調査した。ここに一〇階梯の価値付け、古文書・絵画・彫刻・美術工芸・書蹟のジャンル、時代や作者、形質や伝来などが、一点、一点について、鑑査表に記録された。それは同時に岡倉天心が東京美術学校で行った「日本美術史」（一八九〇年度より開講）講義と連動しており、推古（のちの飛鳥）・天智（白鳳）・天平・空海（弘仁貞観）・延喜（国風）といった時代区分が、彫刻や絵画といった美術品を中心に成立する。ロマネスク・ゴシック・ルネサンスといったヨーロッパの時代区分が、総合芸術である建築の分類によるのとは、「美術史」の成り立ちに大きな差異があった。

「日本美術史」の時代認識はナショナルなものであり、仏教伝来の法隆寺の「推古時代」は、いわば未開から文明への画期となる。「天智時代」には、「印度希臘風《インドギリシャ》」、すなわち印度とギリシャの二国風を混和する。法隆寺金堂壁画は、ギリシャ美術がアレクサンダー大王の東征をへてインド美術と混和して中国を経て日本にもたらされるとみた[11]。ここに岡倉天心のヨーロッパ体験と当時の学知が交差する。「天平時代」の美術の特質は理想的で「霊妙高雅なるは日本美術各時代中、再びあらざりし程の極点」に達する。「延喜時代」には「日本固有にして比類なき日本的の美華」が開花すると、のちに大陸と切れた貴族文化・平等院鳳凰堂・浄土教・源氏物語などの「国風文化」イデオロギーの原型を論じた。

古代以来の中華世界の文物の冊封から離脱し、日本文化、文化財の独自性をいかに岡倉天心が説いたのか。天心自身も中国由来の「唐風」とする興福寺所蔵の仏具である華原磬《かげんけい》（図2）を、日本美術として語る政治である。たとえ中国製であっても、ヨーロッパではフランスのミロのヴィーナスや、大英博物館のエルギン・マーブルのように、「西洋の文明は希臘、羅馬に取」っており、日本は大陸の文化をよく「渾化《こんか》」し自分のものとしているので問題ないとの、居直りである。華原磬に即しては、「我邦にて已に薬師寺三尊の如き精巧なる製作あるを見れば、之れを支那製なりとて取除くべきに非ず。支那伝来のものも、其の精神は直接に天平精神を刺激せしを以て、日本美術として論ずべきなり。（傍線引用者、以下同じ）」とされ、中国製であっても日本の美術とされ、国宝になってゆくのである。

一八八九年の立憲制出発前後の文化財・美術の「制度」化をうけて、京都の名所や文化財の世界観の変化を東寺を事例に論じたい。

現在の東寺（京都市南区・教王護国寺）の観光は、大日如来像を中心として九世紀前半に制作された帝釈天坐像（図3、頭部は後補）などの国宝を擁し密教世界観を表す、講堂の二一体の仏像群が中心で

図2　華原磬・興福寺所蔵

図3　帝釈天坐像・東寺所蔵

ある。[12] お土居の外側で上京下京の度重なる歴史的な大火を免れた密教美術の枠である。この講堂は図4の東寺「境内配置図」をみると、東寺の中央に立地する。その南に優美な桃山時代の薬師三尊像を安置する金堂がある。そして南東には寛永期の五重塔が、西国街道からの東寺口に聳える。

しかし近世の『京童』（明暦四年（一六五八））の（図5）には、大師堂（御影堂）の前で祈りの競いに負けた俗形の守敏が弘法大師（空海）に屈服する姿が描かれる。室町時代以降、弘法大師信仰が庶民に広がる中で、四国八十八箇所霊場の形成とともに、大師堂の弘法大師坐像に人々が参るようになる。この前近代における宗教、信仰の場としての東寺は、境内西側の大師堂がその中心であった。しかし一八九〇年代における脱信仰、脱物語化、そして美術の「制度化」を通じて、密教美術の枠の中で東寺を捉えると、境内の中央の講堂に東寺の中心が移った。それが二〇世紀の観光言説として定着していった。

帝釈天が信仰の対象から美術の彫刻のジャンルとなり、東寺という寺院が弘法大師信仰から平安前期の密教美術を代表する場となっていく。

東京美術学校の開設に伴い、高村光雲は、職人の自意識で木彫を行っていたが、美術学校の「木彫」の教師の誘いをうけて、とまどう。[13] 岡倉天心は、光雲に仕事場でしていることをそのまま「学校へ来てやって下さい」と説得する。高村光雲は、いわば仏師から芸術家（たとえばミケランジェロ）へと転換するのである。このことは、東寺の帝釈天が仏像から美術品（国宝の彫刻）へとパラダイム転換することと表裏一体であった。

ここまでは、立憲制成立期の文化財や「美術」の制度化を論じてきた。次ぎにこの時期に形成され

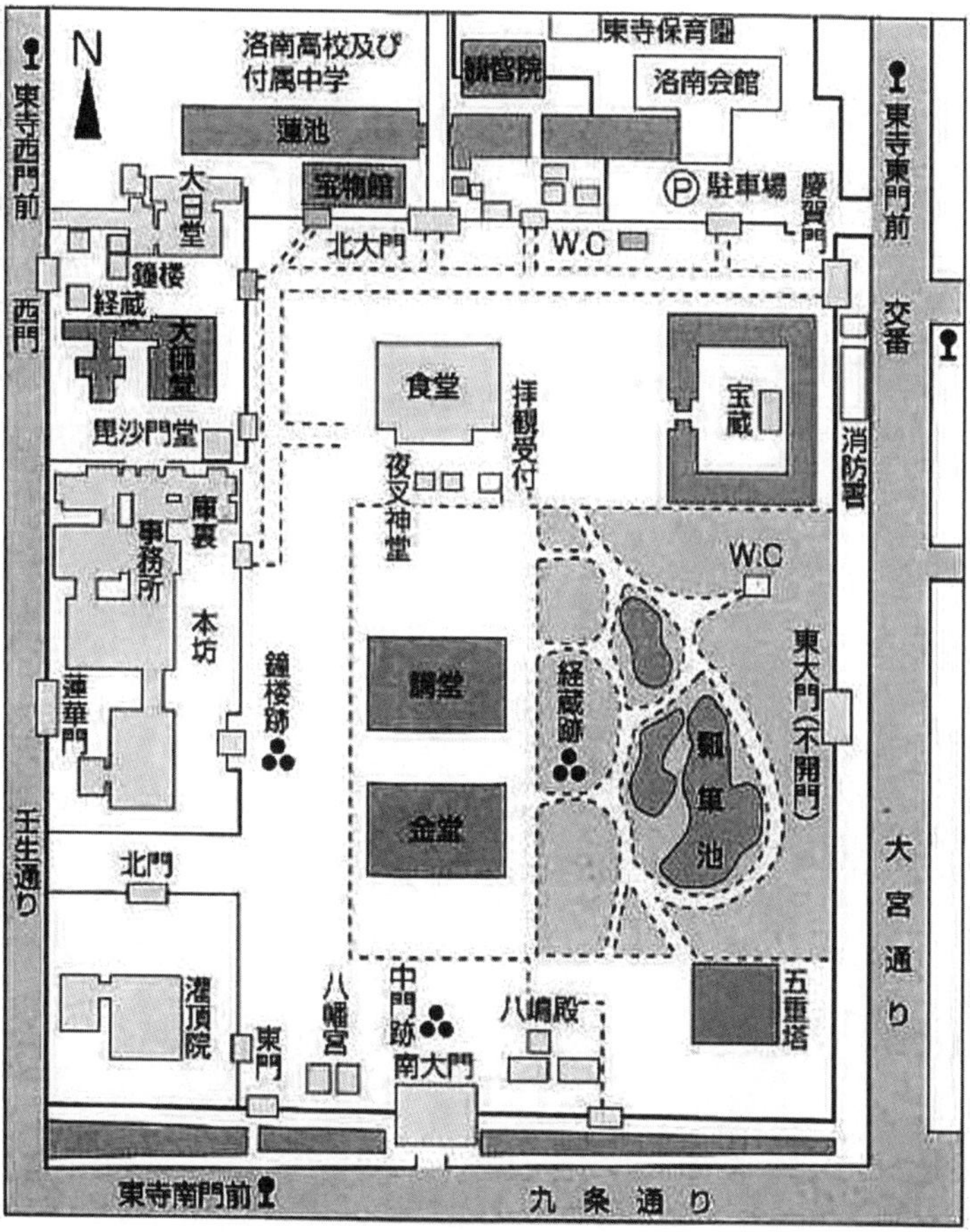

図4　東寺「境内配置図」（東寺パンフレット）

と　う　じ

図5　『京童』明暦四年（1658年）

た日本の文化財の特質である、近代天皇制とのかかわりに言及したい。

フランスのルーブル美術館やオーストリアのウィーン美術史美術館、ロシアのエルミタージュ美術館など、かつては王室の私的な宝物のコレクションを収蔵していた美術館であったものが、一九世紀になると国民国家の文化的な統合装置として、国民に開放されていった。それに対して、日本では、一八七二年の壬申の宝物調査において、正倉院の献納宝物以外にはまとまった皇室の私宝がないことが明らかになった。かくして一八八〇年代に正倉院御物・法隆寺献納宝物・陵墓（二〇一九年現在八九七）・御所・離宮などが、①皇室文化財系の秘匿された宝物として集積された。これが先に述べた、②公共性のある文化財、すなわち帝国博物館の文化財・国宝・古社寺・史蹟名勝などと、構造的に並立することとなる。②の系統は、のちに一九五〇年の文化財保護法の網の目が及ぶものである。

日本の文化財の二つの体系においては、①の秘匿された皇室財産系文化財が、②国民に開かれた帝国博物館に所蔵される文化財などに対して優位とみなす構造は、一九九二年の世界遺産条約への加盟まで続く。この二体系が日本の特質であり、近代天皇制における天皇・皇室の私的な宝物や御所や陵墓などの皇室財産が、国体をあらわす至高の価値付けを持つこととなった。

二〇世紀への世紀転換期には、日本語、国民文学、歌舞伎や茶、国技大相撲、国家としての桜など、「日本文化」が創造される時期である。

文化財保護では、一八九七年六月に公布された古社寺保存法では、古社寺の建造物や宝物類の維持修理のために保存金が下付されることになった。また先の臨時全国宝物調査の成果をうけて、「歴史ノ証徴又ハ美術ノ模範」となるものに特別保護建造物や国宝の概念を与えることとなった。[14] これはまさに「国宝」national treasure の成立であり、日清・日露戦間期の日本文化論である。そして近代日本の国宝指定は古代偏重で、数多くを古都奈良、京都の古社寺が所有し、奈良、京都の帝室博物館に寄託陳列された。また帝都東京が政治・経済の中心となるに従って、東京帝室博物館に文化財の集積がなされ、財閥や支配層のコレクションが帝都東京に集まった。全国の宝物の鑑査、指定事業は、東京の古社寺保存会を中心とした上からの国家政策となってゆく。一九〇〇年には、帝国議会・帝国大学・帝国図書館などと違い「帝室所属ノ博物館」であることを明確にするために帝国博物館から帝室博物館へと名称が改定された。

一八九〇年より岡倉天心が東京美術学校で行った「日本美術史」講義は、活字にならなかった。天心の思想が活きて、はじめての「日本美術史」が出版されたのは、フランス語で一九〇〇年のパリ万国博覧会にむけて編纂された、*Histoire de L'art du Japon* というフランス語版であった。「日本美術史」の出発は、国際社会に発信された自画像であった。翌年には『稿本日本帝国美術略史』農商務省版が出版された。九鬼隆一はその序で、中国・インドは「文華ハ昔日ニ煥発《かんぱつ》セシモ、今ハ僅ニ千古ノ残影」を残すのみとする。すなわち古典古代の中国・インドはすぐれているが、戦乱・革命で現代は荒廃している。それに対して、日本は数千年にわたり中国・インドの文華がもたらされて、日本の正倉院・高野山・醍醐寺などに名品が残り、法隆寺金堂壁画はインドのアジャンタ壁画に趣を一にする。「日本帝国」は「世界ノ公園」かつ「東洋ノ宝庫」であり、「東洋美術史」を完成することができるのは、中国・インドの国民でなく、「我日本帝国民」であると宣言する。

一八九〇年代の「日本美術史」の成立をうけて、日清・日露戦間期のナショナリズムの高揚期には、一八九三年シカゴ万国博覧会におけるはじめての建造物としての日本パビリオンが平等院鳳凰堂を模した「鳳凰殿」であった。このように、「国風文化」が古都京都のイメージとなり、ナショナリズムを象徴するものとなった。遣唐使が途絶え、中国や朝鮮にない純粋培養の「国風文化」という虚偽のイデオロギーである。しかし今日の平安後期研究では、むしろ七世紀以来の大陸からの律令制をはじめとする中国文化受容の集大成として、この時期をみる。

一九一〇年の日韓併合後の大正時代には、現実の帝国の版図の広がりが、豊臣秀吉の朝鮮出兵、日本人町などにみる海外での活動、そして大航海時代の南蛮文化が伝来する「安土桃山文化」に重ねて顕彰された。「国風文化」「安土桃山文化」は、戦後には観光言説になってゆく。しかしながら、近世以来、男性が本山参りのあと花街で遊蕩する観光から、今日の女性的で雅な古都京都像が社会に普及するのは、高度経済成長を経た一九七〇年代以降のことである。今日の観光につながる、女性観光客数が男性観光客を上回る時代を、待たなければならない。かくして二〇世紀とともに成立した京都イメージは、一九九三年からのＪＲ東海「そうだ京都、行こう。」のキャンペーンに帰結してゆく。

古都奈良では、一八九七年の古社寺保存法で明らかなように、美術行政主導で古社寺保存金が下付され、古代偏重に彫刻（仏像）や建造物中心に国宝、特別保護建造物の指定がなされた。江戸時代には、江戸・大坂・京都の三都の繁栄とは違って、奈良には奈良町の大仏観光があるにすぎなかった。明治維新後、田舎であった奈良が、国史の中で、古代や文明のはじまりとして、京都に匹敵する地位を獲得してゆく。さらに大衆社会状況の修学旅行や「古寺巡礼」ブームにより、古都奈良のギリシャ・ローマ文明に匹敵する「日本文化」上の地位を獲得してゆく。

二〇世紀の世紀転換期には、金沢の前田利家、仙台の伊達政宗など、各地の城下町で藩祖が顕彰され、城址が文化財として、かつ地域のランドマークとして整備された。ローカルな郷土愛が、ナショナルな愛国心に包摂され、地方城下町において戊辰戦争経験者は世代として亡くなり、旧藩主より天皇を敬う、明治生まれの新しい世代へと転換してゆく(15)。それは同時に、明治維新から日清・日露戦争をへて、対外戦争を体験することにより、一人一人の国民の中に、天皇や天皇制が入ってくる過程でもあった。

二　二〇世紀の文化財

日露戦争は、明治維新以来の国家や制度設計に代わって、生身の国民が生きる村や町の地域社会を変えていこうとする画期となった。アジア・太平洋戦争に向けての総力戦に対応できる社会づくりのはじまりである。村の中で青年団、在郷軍人会、農会、日本赤十字社などの統合団体ができ、学校教育に御真影や教育勅語の下付が進み、一村一社と全国の神社が半減し、民俗的世界が喪失する時代であった。同時に郷土史編さんや、風俗調査など、地域の歴史が「郷土愛」とあいまって掘り起こされていった。

一九一〇年には無実の幸徳秋水ら一二名が死刑に処せられる大逆事件が起き、翌一九一一年には国定教科書「尋常小学日本歴史」の南北朝並立の叙述が帝国議会で問題となり、教科書編修官・喜田貞吉が休職に追い込まれる事件が起きた。以後、名分論から南朝正統が公論となってゆく。また井上哲次郎によって祖先崇拝と家族国家を旨とする国民道徳が社会に広まり、非宗教の国家神道は従来の国家の宗祀に加えて、国民道徳として社会に適合してゆく。

こうした日露戦後の帝国の時代に、国史学や文化財行政を牽引するのが、一九一〇年二月に、二年間の欧米各国の美術館・博物館における「陳列古画古器物保護法」取調を終えて帰国した東京帝国大学文科大学助教授の黒板勝美である。朝鮮では、一九一五年に総督府博物館が開設され、翌一九一六年には古蹟及遺物保存規則を発布した。これは一九一九年の内地の史蹟名勝天然紀念物保存法に先駆け、また内地と朝鮮の文化財行政が連動するものとなっていく(16)。

黒板は、一九二一年の聖徳太子一千三百年御忌の奉賛会に積極的に関わり『聖徳太子御伝』(一九二三年)を著すが、「聖徳太子と大日本の建設」(一九二一年)では、十七条憲法や「日出処天子」と隋煬帝に送った国書をとらえて、国内には皇室中心主義、対外的には日本中心という、「純日本民族思想を国民精神の中核」に据えると論じた(17)。

また黒板は「史蹟遺物保存に関する研究の概説」において、古寺・宮殿・墳墓・古戦場・古城塞・彫刻絵画・古文書古記録などの史蹟遺物の他に、今ひとつ重要なものとして、「伝説的の史蹟遺物」

があり、それには「後から附会［こじつけた］したものも混つて居ます」と論じた。
たとえば『太平記』の「楠公父子の訣別」は幕末に勤王心を勃興させたので、「南北朝時代の史蹟としては何等歴史的の価値なし」としても史蹟として保存する必要がある（図6）。大石良雄の文書が偽物であっても、「忠臣とか義士とかの教訓を与へられたとすれば、その偽物もまた一の史料であり遺物である」。建国の愛国者とされたスイスのウィリアム・テルが、「伝説的、架空的人物」であることがわかっていても、その遺跡をスイスで保存している事実に我々は学ぶべきと主張する。[18]
これら黒板勝美の国史学は、君主、臣下、それぞれの分《ぶん》を大切にする「名教的歴史学」といえるもので、史実よりも国民道徳に資する物語や神話が重んじられた。[19] この国民道徳優先の「名教的歴史学」が、南朝史跡・赤穂浪士関連史跡のみならず、東京都旧跡（将門塚・田宮神社跡・彰義隊史跡など）・明治天皇聖蹟、そしてなによりも「万世一系」の陵墓の存在そのものを、「名教的史跡」として社会の中で正統化していく。さらに紀元二六〇〇年祝典の神武聖蹟調査につながり戦時下で隆盛を極めることとなる。「名教的史跡」が及ぼす、今日までの影響については、後述したい。

図6　史蹟桜井駅阯・島本町

黒板勝美の一九一九年の「史蹟としての法隆寺」[20]は、重要である。ここではギリシャ・アテネのパルティノン神殿との対比で、史蹟としての法隆寺の意義を説くが、かつて岡倉天心の「日本美術史」では、ギリシャ文明に匹敵するのが法隆寺で、金堂壁画にはアレクサンダー東征のインド・ギリシャ風の美術であり、仏教伝来の法隆寺がギリシャに匹敵する未開から文明への画期となった。この文明とは、ヨーロッパを範とする文明である。しかし黒板勝美の日本の史蹟論は違う。史蹟には「活きた史蹟」と「死んだ史蹟」があり、「活きた史蹟」は「国民の歴史が続いてその場所に演ぜられて居る」、また「其当時からの遺物、其当時の人間の活動そのものが其中に成るべく沢山遺つて居る」とみなす。パルテノン神殿はギリシャ滅亡後、教会（寺院）からモスクへと、そして今日では「廃残荒涼」を極める「死んだ史蹟」である。それに対して法隆寺は「活きた史蹟」であり「完全なる史蹟」で、パルティノン神殿よりも「誇り得べき」ものとみなす。すなわち「創立当時の儘立派に遺つて居る」法隆寺は、日本の史蹟のあり方として、ヨーロッパの「文明」とは違うとの論である。

黒板は同講演の中で、砂丘の被害を論じた、理学士・吉井義次の議論[21]、「文明は天然を制御し或は天然を破戒するものである」を引用し、「史蹟としての価値は或は文明の価値といふこと丶多分逆比例する」とみる。ここに、科学主義・物質文明の欧米に対する、自然との融合・精神主義の日本という対比の中で、欧米の「文明」を相対化する、「日本文化論」が登場する。

そして「活きた史蹟」の核心は、継続する「聖徳太子に対する信仰敬虔の念」にあり、「奈良朝、藤原時代、鎌倉時代、徳川時代」と継続する建物、宝物の「最もよい標本」を有することである。したがって法隆寺の保存は、古社寺保存会の政府だけでなく「永久に持続する事は国民の大なる義務」であるとして、一九二一年の聖徳太子一千三百年御忌にむけた奉賛会への賛同を求めている。法隆寺という史蹟の保存は、日露戦後に国民道徳を称揚する運動の中にも位置づけられた。

さて京都帝国大学文科大学の草創期の西洋史の坂口昂《たかし》や考古学の浜田耕作、倫理学の和辻哲郎、そして大正期の国画創作協会の画家たちも、ヨーロッパ留学は、アジアをめぐってスエズ運河からマルセイユにいたる船旅で、マルセイユから目的地のフランス、ドイツ、イギリスへと向かった[22]。黒板勝美や浜田青陵はギリシャやイタリアを訪ね、竹内栖鳳・土田麦僊・入江波光らはイタリア美術を鑑賞する。それはレオポルド・ランケ流のギリシャ・ローマから文明が世界に伝播する過程を、実地で追体験することでもあった。そして普遍的な「ヨーロッパ美術史」の叙述は、ヨーロッパにおける古典古代（ギリシャ・ローマ）の簒奪によって成立し、大英博物館のエルギン・マーブル、ルーブル美術館のミロのヴィーナスは、歴史の始原や文明の起原のレガリアであるために、ギリシャに返還されることはない[23]。

ここで南朝史蹟や聖徳太子の国民道徳を重んじる黒板勝美と同世代、京都帝国大学西洋史講座の初代教授坂口昂をとりあげる。坂口昂は、自身がルートウィヒ・リースを介した孫弟子でもあるが、ランケの紹介の仕方にも、日本的な受容がみてとれる。

坂口昂は「プラトーのアカデミ[24]」のなかで、「十八世紀末から十九世紀にかけて欧洲の各国各民族は各自固有の歴史を回顧し、各自固有の性質と任務とを尊重愛護し、之に相応する理想の実現に焦慮した、是れ彼等のローマンチックであつた」として、日本における狭義の美術や文学の浪漫主義とは違って、政治や社会運動とも切り結び古典古代を憧憬し国民国家の歴史意識を涵養した、ヨーロッパの広義のロマン主義を紹介する。西欧の「各自の文化の伝来が深く所謂古典希臘に負ふ所多大なるにも想到して報本反始の念を起さざるを得なかった」とする。この祖先の恩にむくいる「報本反始《ほうほんはんし》」の精神は、たとえば坂口が黒板勝美とともに西都原古墳群に「天孫降臨神話」の場をみ、ギリシャ・アテネの列強の古代研究所を日本でも創設しようとしていたことにも表れた。

一九一九年四月に史蹟名勝天然紀念物保存法が発布された。帝国議会における内務大臣の水野錬太郎の趣旨説明では、一八九七年の古社寺保存法では救えない、史蹟、名勝、紀念物が対象となり、内務大臣の指定、地方長官の現状変更の許可という、欧米諸国同様に、「国並ニ公共団体及国民」が、「国ノ歴史ヲ偲《しの》フ所ノ史蹟、紀念物等」に費用を支払い、保存に努めるものとする。[25] ここに地方自治体や府県の史蹟名勝天然紀念物保存委員会の関与という、東京の古社寺保存会からのトップダウンとは異なる文化財保護制度が出発する。

黒板勝美が影響を受けたのは、優品主義でパリを中心とした中央集権のフランス方式ではない。網羅的に台帳に文化財を記入し、葡萄《ぶどう》の房がつながるように、地方地方の郷土の特色を重んじ現地での保存を説くハイマートシュッツ（郷土保存）のドイツの文化財制度を、ヨーロッパ視察後、日本に導入した。それが日露戦後の社会改良の中で、郷土愛を愛国心につなげ、郷土史を編纂し、府県の文化財行政が胎動する時代背景にマッチした。内地では、まだまだ明治以来の古社寺保存会や帝室博物館の体制が強かったが、朝鮮半島では、総督府博物館の分館として、慶州・扶余・開城・平壌に博物館が建設された。[26] これは黒板勝美の「その地のものはその土地へ」という現地保存主義の政策実現であった。

史蹟名勝天然紀念物保存法が施行された一九二〇年代は、第一次世界大戦後のアメリカを中心とするツーリズムが盛行し、一九二三年関東大震災後に複製文化としての大衆文化が、グローバル化のなかで日本を包摂してゆく。内務省では、史蹟名勝保存を管轄する官房地理課の大屋霊城・上原敬二らは、大自然・天然紀念物・史蹟名勝などの保護を尊重した。それに対し、アメリカの国立公園制度を学んだ田村剛や林学の本多静六は国民的利用のための開発を優先した。この「開発か保存か」という内務省内の対立は、比叡山や六甲山などのケーブル敷設をめぐる可否、奈良公園と春日山ドライブウエーの開発、そして「旧東大寺境内」の史跡指定（一九三二年）をめぐる奈良県の公園課と社寺課の対立へと、府県レベルまで下りた相克を引き起こす(27)。

一九二八年一二月に史蹟名勝天然紀念物保存に関する事務は、内務省から文部省宗教局保存課で古社寺保存事務とともに管轄することとなった。一九二八年は昭和大礼と明治維新六〇年が重なる年であるが、文化財の文部省における管轄を契機に、明治天皇聖蹟、南朝史蹟、歴代天皇聖蹟などの国民道徳に関わる史蹟の保存が本格化する(28)。史蹟名勝天然紀念物保存法が運用された一九二〇年から一九五〇年までに史蹟は六〇三件であったが、そのうち明治天皇聖蹟は三七七件と過半数を占めた。一九三四年には金剛寺境内・観心寺境内・千早城阯など一七件が「建武中興関係史蹟」に指定され、翌一九三五年には楠公六百年祭が全国的に実施された(29)。

一九二九年の国宝保存法では、従来の古社寺保存会に代わって国宝保存会が、国宝（旧特別保護建造物を含む）の指定・現状変更などを審議することになった。また修理工事の執行方式が明文化され、日本最古で国民道徳上重要な法隆寺に対して、法隆寺国宝保存部が、文部省内に事業部を、現地法隆寺内に工事事務所を開設した。国宝保存の重要な点は、古社寺以外の国や公共団体あるいは個人が所有する文化財への保存措置を講ずることにあった。しかし一九三二年の吉備大納言入唐絵詞のボストン美術館への流出など海外への美術品の流出をうけて、一九三三年四月に「重要美術品等ノ保存ニ関スル法律」が公布された。[30]

さて、「文化財」の語が登場するのは、一九四九年の法隆寺金堂壁画の焼失をうけた、一九五〇年の文化財保護法によるとする通念がある。文化国家の理念のもと、アメリカの cultural properties が訳され「文化財」という語が使われるようになったとする推定である。それ以前は、古器物・宝物・史蹟・名勝・古社寺などの語が、「文化財」の領域をカバーしていた。しかしすでに大正期から「政治、経済、文化などの全体をさす新カント派哲学の概念」として Kulturgut の訳語として登場し、今日の文化遺産の意味で使われるのは、一九三七年の日中戦争開始とともに、北京故宮博物院の南京への文物疎開の際、日本軍が南京から「文物・故物」を略奪した事件のときであり、「文物」の中華世界の概念に対抗して、日本軍が「文化財」という概念を生み出したという。[31] かくして古代以来の中華帝国の「文物」の体系に対して、東アジアの新興日本が「文化財」の体系を生み出し、東アジアでは朝鮮にその概念を扶植することになる。

紀元二千六百年記念事業にともなう神武天皇聖蹟調査は、一九三八年一二月の神武天皇聖蹟調査委員会の発足により国家的事業として推進された。一九四〇年八月までに、福岡崗水門、奈良の鳥見山・菟田、和歌山の男水門・狭野など七府県一九か所の聖蹟が、地域の誘致運動とともに決定され、花崗岩の顕彰碑が建てられていった。一九三八年一二月、神武天皇聖蹟調査委員会官制が定められたとき、「日本書紀、古事記等ノ重要文献ニ記載セル神武天皇ノ御事績ニ就キ後世ノ文献口碑伝説等ノ考証資料ニ拠リ」、各地の神武天皇伝説地を調査すると方法論が明記された[32]。ここでは、神武天皇の事績について古事記・日本書紀等の重要文献の考証と「口碑伝説等」が「考証資料」とされた。また具体的に、神武天皇の伝説地を証明するために、地元に残った文献資料として、古文書・検地帳・古地図・社寺縁起など、伝説地の伝説や地名を証明にするために集められた[33]。これは一九世紀の国学者たちによる古事記・日本書紀などの史料批判のない文献考証、「口碑流伝」の採集という学知・方法論が、そのままである。

記紀は五世紀から七世紀までの政治思想が反映したものとした、大正期の津田左右吉の史料批判は、まったくアカデミズムや国家の歴史意識とは対極にある。神武天皇聖蹟調査委員会委員には、三上参次・西田直二郎・宮地直一・平泉澄・山田孝雄・中村直勝・坂本太郎ら学者のほかに、阪谷芳郎・児玉九一ら史蹟名勝天然紀念物保存協会に携わった官僚も加わった。

アジア・太平洋戦争ののち、文化財をめぐる改革は、あらたに刷新されるものと、戦前との連続性を残すものとに分化していった。

戦後改革の中で、戦争協力の歴史動員を行った平泉澄・西田直二郎らは公職追放となり、教育の場で、「史実と神話」の峻別が行われた。神武天皇聖蹟だけでなく、明治天皇聖蹟も一九四八年五月の総司令部民間情報局により指定解除された。その一方で、南朝の桜井駅は『太平記』上の物語であるのに、現在も国指定史跡である。紀元二千六百年記念事業を契機とする天皇の宸翰《しんかん》（一九四〇年書籍典籍指定、一九四四年古文書指定）の国宝・重要文化財の指定は、戦後も解除せず連続するものも多い。何よりも、戦前に皇室財産であった「万世一系」の陵墓は、戦後は国有財産の皇室用財産となるが、その宮内庁による管理と「秘匿性」は、戦前・戦後と変わりなく継続している。

三　現代における文化財と政治──むすびにかえて

二〇一九年七月六日、倭五王の一つの王墓にすぎない大山古墳が「仁徳天皇陵古墳」の呼称で世界遺産登録された。「仁徳天皇陵古墳」という呼称には、「仁徳天皇」が埋葬されているかのような誤解をまねき、それが学校教育の現場で教えられ、「仁徳天皇陵古墳」が universal standard（世界規準）になっていく可能性がある。すでに、二〇一九年五月八日、大阪市大正区の泉尾北小学校では、文科省の「天皇陛下の御即位及び皇太子殿下の御即位に際しての学校における児童生徒への指導について」（同年四月二二日通知）の「天皇の即位に際し、国民こぞって祝意を表する」を受けて、小田村直昌校長は新天皇を一二六代と紹介し、「愛国の歌姫」山口采希《あやき》氏は、唱歌「神武天皇」・唱歌「仁徳天皇」「行くぞ！日の丸」などを歌い、国定教科書（一九四〇年）さながらに「民のかまど」の講話を行った。

しかし「仁徳天皇陵古墳」名称の非学問性は、五世紀に天皇号が成立していないことをはじめ、上石津ミサンザイ古墳（現・履中天皇陵）の五世紀初め、大山古墳（現・仁徳天皇陵）の五世紀半ばの築造年代に対して、記紀の叙述では第一六代仁徳天皇、第一七代履中天皇と、在位の順番が逆転することからも明らかである。(34)

二〇一七年七月三一日の文化庁の文化審議会世界遺産部会の記者会見では、記者からの質問に対して、古代史研究者の佐藤信氏や文化庁の事務方は、以下のように答えている。

Q　仁徳天皇陵は、学術的には違う墓ではないかという意見もある。世界遺産として推薦すると き、日本として、どういう名称でいくという議論はあるのか。どういう方針でいくのか。

部会長（佐藤信氏）　大山古墳、仁徳天皇陵古墳については、陵墓として資産に入れるという場合は、それなりに、宮内庁で呼んでいる陵墓名［仁徳天皇陵］というのは、オーソライズドされたものじゃないのかなと思っている。今回は、推薦書で地元の大阪府あるいは堺市、羽曳野市、藤井寺市で、そういう形で推薦書を書いている。

事務方　今回、仁徳天皇陵古墳であれば、「仁徳天皇陵古墳」という構成資産名を今の段階で付けている。世界遺産の目的は、保護するのが目的。保護を主体として行うところが宮内庁であるということなので、宮内庁として、どう言う形でこの古墳を認識しているのか、保存管理しているのかということをまず第1に考えていく必要があるだろう。なので、仁徳天皇陵の場合は、仁徳天皇に対する祭祀、管理を行っている古墳ということが前提なので、今回は仁徳天皇陵古墳という形で名称をつけるのが適当だという判断だ。

部会長　ただ、推薦書もわかる範囲で学術的に古墳の年代観は書かれていると思う。

大正期の津田左右吉が、古事記・日本書紀は、五～七世紀の政治思想を反映したものにすぎないと論証した。戦前期には津田の記紀批判が公論にならなかったものが、戦後の歴史学の改革の中で、アカデミズムや教育の場では通説になってきた。この佐藤信氏の発言は、戦後改革を経てきた戦後歴史

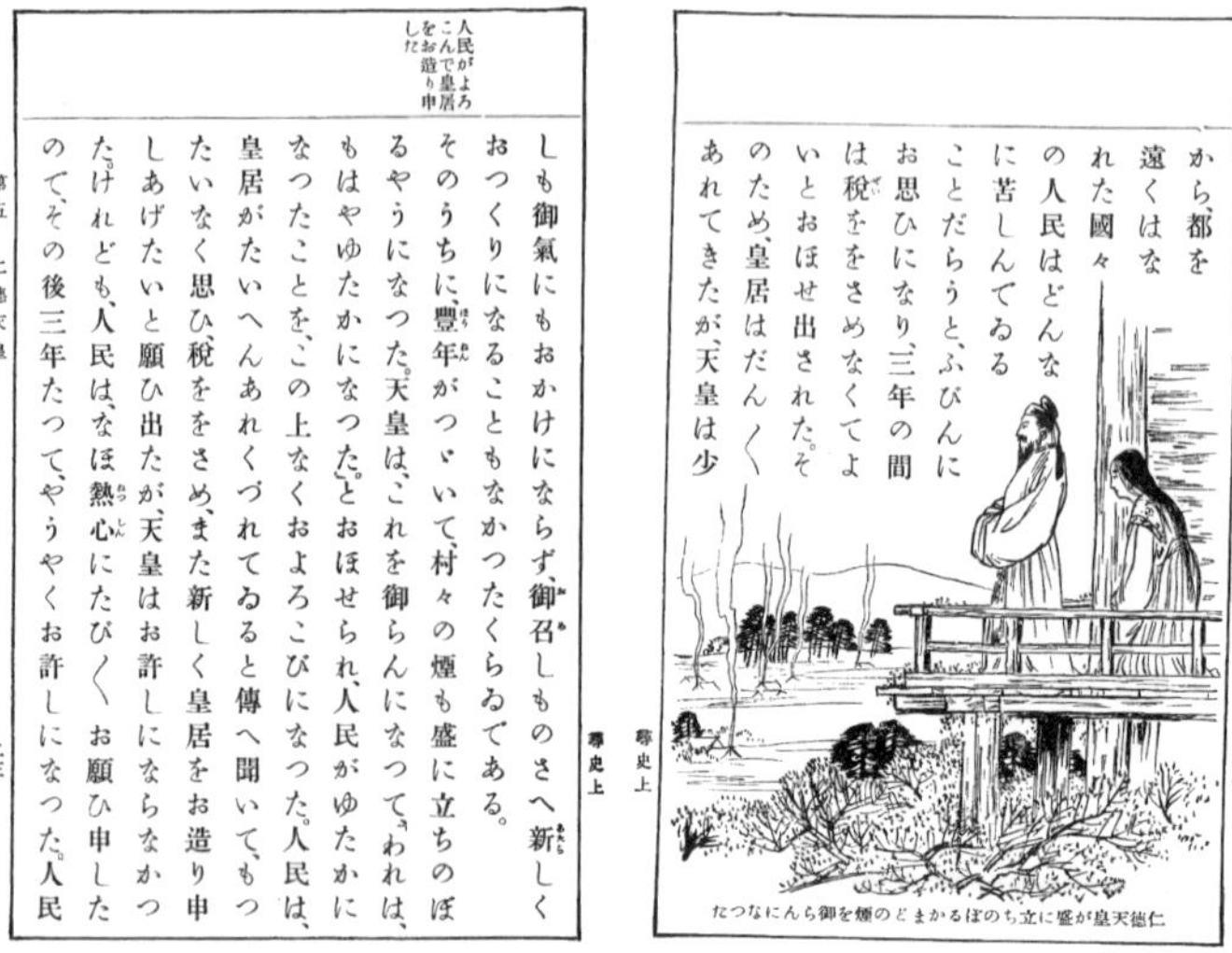

図7　「仁徳天皇」『尋常小学国史　上巻』文部省、1935年

学・考古学の営みを否定するものではないか？　文化財の観光化や活用のためには、歴史学の実証の魂を売っても良いのか？　「仁徳天皇」と王墓が結合する呼称は、天皇制が強大であり「万世一系」神話を創りだした、古代と近現代の天皇制による支配の物語である。ふたたび一九四〇年の国定教科書のように、国民道徳のチャンピオンの仁徳天皇が「かまどの煙」を国見する歴史意識を、肯定するのか（図7）。しかも学者として、「仁徳天皇陵古墳」の名称を、自らの論文では使用することはない。

さらに二〇一九年七月五日の陵墓関係十六学協会と宮内庁との陵墓懇談で、書陵部長は、「仁徳天皇陵古墳」という呼称は、白石太一郎氏がいうような「宮内庁が乗ってくるギリギリの線」[35]という事実はなく、宮内庁からは何等意見表明をしなかったことを明らかにした。「仁徳天皇陵古墳」でないと宮内庁は世界遺産登録を認めないとの虚言は、文化庁や白石太一郎氏をはじめとする「仁徳天皇陵古墳」呼称をもって世界遺産登録を推進する学者たちによる、宮内庁への「忖度」に過ぎないのだ。

また「名教的史跡」が、アジア・太平洋戦争後の歴史学の改革にも関わらず残存し、むしろ二一世紀に復活する傾向すらある。「名教的史跡」とは、日露戦後に祖先崇拝や、家族国家観を重んじ、君臣の分を明らかにする国民道徳を重んじる史跡であり、先に述べた東京帝国大学の黒板勝美が二〇世紀に主導した。

背景には冒頭で述べたように文化財保護法「改正」にともない、「活用」という美名のもとに観光至上主義がはびこり、歴史の真正性より、神話や物語を優先させる時代状況がある。

この問題を考える上で、文化庁が推し進める日本遺産は重要である。文化庁ホームページでは、以下のように日本遺産の目的を述べる。

> 我が国の文化財や伝統文化を通じた地域の活性化を図るためには、その歴史的経緯や、地域の風土に根ざした世代を超えて受け継がれている伝承、風習などを踏まえたストーリーの下に有形・無形の文化財をパッケージ化し、これらの活用を図る中で、情報発信や人材育成・伝承、環境整備などの取組を効果的に進めていくことが必要です。

当初、四條畷市・島本町など六市町村が、楠公の南朝を日本遺産に登録し顕彰しようとした。そのなかには、桜井駅をはじめ、『太平記』上の物語にすぎないものも含んでいたが、採択されなかった。

二〇一九年五月に河内長野市が、単独で「中世に出逢えるまち――千年にわたり護られてきた中世文化遺産の宝庫」として、楠木氏一族ゆかりの金剛寺と観心寺を中心とした日本遺産を申請し認められた。戦前の南朝史蹟とは違った形で、文化遺産としての真正性と物語とを腑分けした上で、文化遺産の運用が必要とされよう。

また二〇一八年度より日本遺産として「神武東遷――古と現在をつなぐ、遙かなる道のり」を、宮崎市を代表自治体に、橿原市、岡山市、新宮市など一九市町村が申請している。それは一九四〇年の紀元二千六百年記念事業のなかで神武天皇聖蹟調査委員会が推進した「神武東征」の顕彰のリバイバルである。あらためていうまでもなく、歴史学の戦後改革のポイントは、「史実と神話」との腑分けであり、戦後の到達点を反故にするものであろう。

また二一世紀には、物語や由緒と関わらせた文化財が浮上するが、そのなかでも文化的景観の文化財におけるカテゴリーは新しい。文化的景観は、「地域における人々の生活又は生業及び当該地域の風土により形成された景勝地で我が国民の生活又は生業の理解のため欠くことのできないもの」を指定するとされ、二〇〇四年度からはじまり、二〇一九年一〇月時点で六五件が重要文化的景観に指定されている。たとえば宇治の文化的景観について、貴族文化の別業としての平等院鳳凰堂イメージは二〇世紀に浮上するものであるし、宇治茶とは宇治の指定地域で産出される茶ではなく、何等級もの茶の品質を保つためのブレンドの技術に支えられた茶を指す(36)。しかしこの貴族性や茶の表象の歴史的経緯を押さえた上であれば、物語や由緒とともに文化的景観に親しむことを、私は何等問題がないと思う。

物語や由緒の浮上とともに、二一世紀にふさわしい文化財のあり方を考える必要がある。文化財に付加された物語や由緒の来歴を、歴史的にきっちりとトレースし踏まえる必要があるだろう。そうすると、真正性のない南朝史跡や陵墓の現代の景観は、近代の天皇制とともに形成された「近代化遺産」ととらえる見方も必要であろう。したがって国史跡・桜井駅は南北朝時代の史跡ではなく、『太平記』上の物語が、幕末の水戸学・国学による名分論により顕彰されたいわば「近代化遺産」である。そして一九世紀の学知で治定され凍結され今日に至る「一九世紀の陵墓体系」も、また近代化遺産の性格を持ちあわせるといえるだろう。

それでは文化財をめぐる今後の展望はいかにあるのか。

先ず第一に、歴史や文化財を見る際に、バラ色の「日本文化」論といったナショナリズムに終わらせない、複合的視点でプラスもマイナスもみることである。たとえば二〇一四～一五年に富岡製糸場や八幡製鉄所などの「近代化遺産」が、世界遺産に登録された。文化庁からの推薦ではなく内閣府のトップダウンであった。明治維新以来、急激な産業革命や「富国強兵」を達成した日本の「近代化」をバラ色にだけ描くのではなく、劣悪な労働条件やアジアの植民地の問題など負の側面も含み込んだ複合的な評価をするならば、今後続くであろうアジア諸国の近代化遺産の世界遺産登録に際しても歴史観の参考になるだろう。同様に、五千万人以上が訪れる京都観光も「日本文化を創り出してきた京都」、「おもてなしの文化」、雅な貴族文化などのバラ色の京都イメージではなく、民衆の生活・花街の性・差別の問題といった京都がもつ周縁性をも含み込んだ複眼的な視点が必要であろう。

第二は、すでに述べてきたように、日本の明治維新以来の文化財は、近代天皇制の形成展開と不可分であった。一八九〇年代の古社寺保存会以来、古代偏重で東京を中心とした上からの文化財の指定体制は今日まで続いている。そうしたなかで、地域の歴史を自分たちの価値で考え、誰のための文化財かを問う試みが始まっている。地域から、住民から推薦された文化遺産を自治体が受けとめて指定し保護し活用していく営みが、たとえば、岩手県の遠野遺産（二〇〇七年より）、福岡県の太宰府市民遺産（二〇一〇年より）として実践されている。地域にとっての必要性や機能が、上からの文化財行政を相対化する視座となっている。

最後に再度、強調したいのは、二一世紀の物語や神話を文化財に付加する動向についてである。重要なのは、明治維新から一九四五年までの、「物語や神話」の歴史学や文化財への動員、すなわち神武天皇聖蹟、南朝史跡、明治天皇聖蹟など国民道徳に基づいた「名教的史跡」の展開の歴史を、きっちりと総括することである。「史実と神話」の峻別という、歴史学や文化財行政の戦後改革を踏まえて、「物語や神話」と文化財とのかかわりの歴史的な変遷、その社会的な機能を踏まえた上で、二一世紀の文化財における物語性のありようを考えていくべきであろう。

注

（1）『税理士ドットコム』二〇一八年六月二〇日
（2）デービッド・アトキンソン『新・観光立国論』東洋経済新報社、二〇一五年
（3）田中俊徳「世界遺産条約の特徴と動向・国内実施」『新世代法政策学研究』vol 18、二〇一二年

（4）『東京国立博物館百年史』一九七三年、東京国立博物館
（5）『明治天皇紀』一八八九年六月三日条
（6）北澤憲昭『眼の神殿』美術出版社、一九八九年、佐藤道信『明治国家と近代美術』吉川弘文館、一九九九年
（7）木下長宏『岡倉天心』ミネルヴァ書房、二〇〇五年
（8）村方明子編『アーネスト・F・フェノロサ――翻刻・翻訳と研究（上）』京都大学出版会、二〇〇〇年
（9）村方明子「E・F・フェノロサ『東洋美術史綱』――日本は「東洋のギリシャ」と感嘆」『国文学　解釈と観賞』第六〇巻第五号、一九九五年
（10）岡倉天心「博物館に就て」『岡倉天心全集』三、平凡社、一九七九年
（11）岡倉天心「日本美術史」一八九一年度版、『岡倉天心全集』四、平凡社、一九八〇年
（12）根立研介・新見康子『もっと知りたい　東寺の仏たち』東京美術、二〇一一年
（13）高村光雲『幕末維新懐古談』岩波文庫、一九九五年、初版一九二九年
（14）文化財保護委員会『文化財保護の歩み』一九五〇年
（15）高木博志「伝統文化の創造と近代天皇制」『岩波講座日本歴史』第一六巻、岩波書店、二〇一六年
（16）黒板博士記念会編『古文化の保存と研究』一九五三年
（17）『虚心文集』第二、吉川弘文館、一九三九年
（18）『史蹟名勝天然紀念物』第一巻第三号、一九一五年
（19）宮地正人『天皇制の政治史的研究』校倉書房、一九八一年
（20）『史蹟名勝天然紀念物』第三巻第八号〜一〇号
（21）吉井義次「動く砂丘」『史蹟名勝天然紀念物』第三巻第六号
（22）橋本順光・鈴木禎宏編『欧州航路の文化誌――寄港地を読み解く』青弓社、二〇一七年、国画創作協会

同人・大阪時事新報社編『欧洲芸術巡礼紀行』十字館、一九二三年など
(23) 佐藤道信『美術のアイデンティティー——誰のために、何のために』吉川弘文館、朽木ゆり子『パルテノン・スキャンダル——大英博物館の「略奪美術品」』新潮社、二〇〇四年
(24) 坂口昂『世界史論講』岩波書店、一九三一年、小山哲氏の教示による。
(25)『史蹟名勝天然紀念物』第三巻第三号、一九一九年
(26) 藤田亮策「朝鮮古蹟調査」黒板博士記念会編『古文化の保存と研究』一九五三年
(27) 高木博志「開発と保存——一九三二年七月二三日「東大寺旧境内」史蹟指定」『日本歴史』七五二号、二〇一一年
(28)『史蹟名勝天然紀念物』〈昭和編〉解題・総目次・索引（高木博志執筆）、不二出版、二〇〇八年
(29) 尾谷雅比古「昭和九年における建武中興関係史蹟の指定について」『藤澤一夫先生卒寿記念論文集』藤澤一夫先生卒寿記念論文集刊行、二〇〇二年
(30) 注（14）『文化財保護の歩み』
(31) 鈴木良「文化財の誕生」『歴史評論』五五五号、同「近代日本文化財問題研究の課題について」『歴史評論』五七三号、一九九八年
(32)「神武天皇聖蹟調査委員会官制ヲ定ム」『公文類聚』第六二編・昭和一三年・第一二巻・類02098100・国立公文書館
(33)「神武天皇聖蹟調査事務取扱ニ関スル件」『史跡名勝天然紀念物総規』昭59文部02536100、国立公文書館
(34) 今尾文昭・高木博志編『世界遺産と天皇陵古墳を問う』思文閣出版、二〇一七年
(35)『朝日新聞』二〇一九年七月三日（夕刊）。
(36) 小林丈広・高木博志・三枝暁子『京都の歴史を歩く』岩波書店、二〇一六年

あとがき――人文学の危機

本書の執筆者の共通した問題意識として、今日の博物館や文化財の商品化、観光化、資源化への危惧がある。さらに現場における文化財保護の基本的な作業や、学問の長時間かけて生み出される基礎研究などが、ないがしろにされるのではないかという思いを共有している。

小泉和子論文（第四章）にみる石見国の熊谷家という文化財住宅を運営する地元の女性たちの営みや、岩城卓二論文（第五章）の市民と対話し市民による研究成果もとりこむ循環型事業を推進する尼崎市立地域研究史料館の活動、久留島浩論文（第二章）の歴史系博物館における地域の歴史文化遺産や「負の歴史・記憶」への向き合い方、これらは今までに積み重ねられた実践を提示する。一方、二〇一五年からはじまった日本遺産について文化庁は、従来の文化財行政が「保存」重視で、「地域の魅力が十分に伝わらない」として、「活用」を重視する必要を主張する。

本書で取りあげた、地域の歴史文化遺産への実践は、従来の文化財保護法の枠組みの中で、市民が主体的に地域社会の「魅力」を見いだし、十分な「活用」が可能であることを証明している。政府が推進する文化財保護法の改正、文化や学問の商品化、観光化の方向性とは違う、蓄積された地域社会や歴史系博物館の営みを通じたオルターナティブ（対案）の提言である。そのほか、高木博志論文（第六章）は、明治維新以来、博物館や文化財は常に「政治」と不可分であった構造を歴史的に明らかにした。

さて國賀由美子論文（第三章）では、美術館の本来の業務とは、情報を収集しモノに即した調査研究が生み出した新たな価値を社会に還元することとし、その担い手を育てる学芸員養成課程に対する、現状を踏まえない政府の政策を危惧する。そこでは、美術館と大学に連動する課題が明らかになる。同様に、岩﨑奈緒子論文（第一章）の、文化財保護法の改正により「歴史」が資源化され、文化・芸術で稼ぐ文化庁へと再編される動きは、国立大学における学問の資源化と不可分とする指摘は鋭い。こうした提起を受けて、最後に博物館や文化財をめぐる危機と表裏一体に進行する、大学の現場からみる人文学の危機について述べたい。

現在、人文学が軽視され、学問や人文学の商品化がすすむ。たとえば日本史で言えば、京都の歴史の研究は、観光化され商品化されがちである。多くの大学の講演会や講座では、雅で貴族文化の京都しか取りあげない。しかし京都の上京・下京の周縁地域には、かつて遊廓や花街の性、あるいは被差別部落や、墓所であった鳥部野周辺の死や病気への差別といった問題群があった。歴史を見るときには常に複合的な見方が必要で、バラ色の歴史だけでは不十分である。京都にやってくる外国からの観光客は、京都に日本文化の優越性を見出すのではなく、そのなかに自国の文化との普遍性や差異性を見出すだろう。内に閉じたナショナリズムの京都文化論は、外に開く説得力をもたない。

二〇一九年九月のＩＣＯＭ（国際博物館会議）京都大会のオープニングで、祇園甲部・宮川町・先斗町の芸舞妓の踊りが、「もてなしの文化」として披露されたが、ツィッター上で、「セレモニーで挨拶するのがほぼオッサンで、おもてなしするのは女性だけって強烈な違和感だなぁ」との意見が、共感を呼んだ。まさに京都観光の本質を言い当てている。

二〇一七年の「国際博物館の日記念シンポジウム」で、久留島浩氏が、博物館展示には「異なる解釈同士が議論できる場」を設定し、戦争展示の必要性を説いている（『京都新聞』二〇一七年五月二一日）。文化財や博物館展示、そして観光にもプラスもマイナスも射程に入れた複合的な視点が必要であろう。

世界中で自国第一のナショナリズムが強まるなかで、他者への理解や共存する力が弱まってきている。歴史のなかでくり返されてきた戦争や惨禍を経験する中で生み出されてきた、様々な国や民族、集団が共存し人類が生きるために、人文学の知があるだろう。

人文学には長い時間が必要である。昨今要請される、数年のスパンで研究成果が出るものではない。京都帝国大学文科大学ができて一世紀を越えた。人文学の研究や学術資源（文献や資史料・モノなど）の集積は、こうした長い時間をかけてなし得るものであり、これから一世紀先を見据えて世代を継いで発展させるものであると、編者の勤める京都大学人文科学研究所では議論している。今年で創立九〇年を迎える人文科学研究所における、文献会読、フィールドワークなどに基づく共同研究や学術資源の集積も、それだけの時間をかけて成熟させてきた。

たとえば人文科学研究所では、二〇一五年より「みやこの学術資源研究・活用プロジェクト」に取り組んでいる。映画・演劇・社会運動・家政学・人類学・日仏文化交流の関係資史料など、文系・理系・芸術の諸領域にわたる京都大学内外の学術資源の調査・研究を通して、人文学の形成を考えるプロジェクトである。長い時間をかけて人文学が形成される、そのプロセスに生み出された学術資源に向き合っている。

本書は、二〇一八年一一月一七日のシンポジウムである、京都大学人文科学研究所の人文研アカデミー『博物館と文化財の危機―その商品化、観光化を考える』の記録である。人文研アカデミーは市民に開かれた人文科学研究所の活動として二〇〇六年からはじまったものである。またこのシンポジウムは、「生と創造の探究―環世界の人文学」（岩城卓二班長）、「近代京都と文化」（高木博志班長）の二つの共同研究班の共催で行われた。生きものの営みと関係性、すなわち「環世界」において人の生き方を問う共同研究、観光言説の京都文化を相対化する共同研究、それらの頻繁に開催される共同研究の濃密な議論を基礎とした問題意識を、本書は反映している。

博物館・美術館や文化財、そして大学の学芸員課程の教育のみならず、学問のあり方そのものが、商品化、資源化の危機にある。広く本書が読まれ、問題の所在が共有できることを願う。

高木博志

執筆者紹介（掲載順、＊は編者）

岩城卓二（いわき・たくじ）*

京都大学人文科学研究所教授。専門は日本近世史。著書に、『近世畿内・近国支配の構造』（柏書房、2006年）、『本願寺文書』２～５巻（編著、清文堂出版、2013～2019年）など。

岩﨑奈緒子（いわさき・なおこ）

京都大学総合博物館教授。専門は日本近世史。著書に、『日本近世のアイヌ社会』（校倉書房、1998年）、『日本の表装』（共編著アクティブKEI、2016年）、論文に、「世界認識の転換」（『岩波講座日本歴史』第13巻、2015年）など。

久留島 浩（くるしま・ひろし）

国立歴史民俗博物館 館長。専門は日本近世史。著書に『近世幕領の行政と組合村』（東京大学出版会、2002年）、『比較史的にみた近世日本―「東アジア化」をめぐって―』（共著、東京堂出版、2011年）、『描かれた行列―武士・異国・祭礼』（編著、東京大学出版会、2015年）など。

國賀由美子（くにが・ゆみこ）

大谷大学文学部教授。専門は日本絵画史。著書に『日本の近代美術５　京都の日本画』（共著、大月書店、1994年）、『幸野楳嶺』（共著、芸艸堂、1995年）、『石山寺縁起絵巻集成』（共編著、中央公論美術出版、2016年）など。

小泉和子（こいずみ・かずこ）

家具道具室内史学会会長・昭和のくらし博物館館長・重要文化財熊谷家住宅館長。専門は日本家具室内意匠史・生活史。著書に『家具と室内意匠の文化史』（法政大学出版局、1979年）『「日本の住宅」という実験―風土をデザインした藤井厚二』（農文協、2008年）『船簞笥の研究』（思文閣出版、2011年）『昭和のくらし博物館』（河出書房新社、2000年）『ちゃぶ台の昭和』（河出書房新社、2002年）など。

高木博志（たかぎ・ひろし）*

京都大学人文科学研究所教授。専門は日本近代史。著書に、『近代天皇制の文化史的研究―天皇就任儀礼・年中行事・文化財』（校倉書房、1997年）、『近代天皇制と古都』（岩波書店、2006年）、『陵墓と文化財の近代』（山川出版社、2010年）など。

ISBN 978-4-409-24131-8 C3036

博物館と文化財の危機

二〇二〇年二月二九日　初版第一刷発行
二〇二一年二月一〇日　初版第四刷発行

編　者　岩城卓二
　　　　高木博志
発行者　渡辺博史
発行所　人文書院
〒六一二-八四四七
京都市伏見区竹田西内畑町九
電話　〇七五(六〇三)一三四四
振替　〇一〇〇〇-八-一一〇三

装幀　上野かおる
印刷・製本　創栄図書印刷株式会社

乱丁・落丁本は送料小社負担にてお取替いたします。